Inge Waltl

wild & unwiderstehlich

Impressum

Bibliografische Information der Deutschen Nationalbibliothek
Die Deutsche Nationalbibliothek verzeichnet diese Publikation in der Deutschen Nationalbibliografie; detaillierte bibliografische Daten sind im Internet über http://dnb.d-nb.de abrufbar.

Lektorat: Marlene Kühn
Grafik und Produktion: Nadine Kaschnig-Löbel
Coverfotos: Pflanzen-Fotografien mit Genehmigung von shutterstock.com; Food-Fotografien von wild + team
gedruckt in der EU

ISBN 978-3-7025-0863-0

www.pustet.at

Bildnachweis:
Kocheim, Veronika: 114, 190; wild + team: alle Foodfotos; www.shutterstock.com: 8, 11, 14, 22, 25, 26, 27, 28, 33, 34, 35, 42, 43, 45, 46, 48, 50, 53, 54, 60, 61, 62, 65, 68, 70, 72, 75, 76, 80, 86, 90, 95, 98, 100, 102, 103, 108, 109, 112, 117, 118, 123, 126, 132, 138, 139, 140, 142, 146, 150, 153, 154, 155, 158, 162, 163, 169, 170, 171, 172, 176, 177, 178, 180, 182, 185, 186, 188, 192, 202, 206, 208, 210, 215, 220, 222, 223, 226, 230, 236; Zachhuber, Anja: 104, 144; alle anderen Fotos: Inge Waltl.

Inge Waltl

wild & unwiderstehlich

Neue Köstlichkeiten aus der Wildpflanzenküche

VERLAG ANTON PUSTET

Getrocknete Vogelbeeren und Vogelbeersalz (Rezept S. 179) in der Mitte, oben beginnend im Uhrzeigersinn: Schinkenwurz-Salat (Nachtkerze) (Rezept S. 130), eingelegte Malvenfrüchte, eingelegte Eicheln (Rezept S. 34), Himbeeressig (Rezept S. 68), Haselnusspesto (Rezept S. 60), eingelegte junge Brombeertriebe, geröstete Springkrautsamen

Einleitung

Haben Sie schon einmal Fichtensirup, Granita aus den Blüten des Indischen Springkrauts oder ein Vogelbeersalz gekostet?

Wildpflanzen sind vielen Menschen trotz ihrer jahrhundertelangen Verwendung unbekannt. Noch vor 200 Jahren wurden wild wachsende Kräuter mit der größten Selbstverständlichkeit gesammelt, heute wachsen sie oft unbeachtet und unerkannt vor der Haustür. Dieses Schicksal haben die köstlichen und obendrein gesunden „Wilden“ nicht verdient!

Wildpflanzen bergen einen Schatz an kostbaren Inhaltsstoffen, interessanten Geschmacksrichtungen und wundervollen Aromen. In ihrer Vielfalt gewährleisten sie die Zufuhr von essentiellen Nährstoffen und haben oft wohltuende und heilende Wirkung. Das Wissen um einige dieser besonderen Wirkstoffe ist bereits alt, und doch wurden noch längst nicht alle Geheimnisse der Wildpflanzen erforscht.

Das Sammeln und Verarbeiten von Wildpflanzen belohnt mit einem befriedigenden Gefühl und das Genießen bereitet echte Freude.

Egal, ob Sie im Frühjahr das nach Zuckererbsen schmeckende Wiesenlabkraut, im Sommer die köstlichen jungen Knospen des Wiesenbocksbarts, im Spätsommer reife Brombeeren oder nach dem ersten Frost die Schlehen entdecken, immer ist es ein kulinarisches Abenteuer. Im Winter können Sie mit getrockneten Kräutern und Blüten einen Verwöhn-Tee zubereiten, dem Sie mit edelherbem Schafgarbensirup, getrockneten Wildhimbeeren, Walderdbeeren oder einigen getrockneten Fichtenwipferln eine besondere Note geben. Selbstgemachte Marmeladen und Chutneys lassen Erinnerungen an die Fülle des Sommers aufkommen.

Wichtig ist, dass man die Pflanzen genau kennt und zur richtigen Zeit pflückt. Die beste Zeit für Salate beispielsweise ist natürlich das Frühjahr, wenn alles zart und unwiderstehlich sprießt. Aber wer mit der Zeit auch die in vielen Pflanzen enthaltenen gesunden Bitterstoffe zu schätzen lernt, kann bis in den Spätherbst hinein Kartoffelsalat mit Löwenzahn oder Hirtentäschel genießen.

Variieren Sie ihre Salate mit bunten Blüten, selbst aromatisiertem Essig, fein gehackten Kräutern und gerösteten, selbst gesammelten Nüssen. Ihrer Fantasie sind keine Grenzen gesetzt und auch der Genuss „wächst“ mit neuen kulinarischen Erfahrungen.

Mein Tipp: Pflücken Sie die Wildpflanzen mit der Hand, so erkennen Sie, ob sie zart sind. Bevorzugen Sie ungedüngte Wiesen, Hänge, Feldwege neben kleinen Äckern und verwilderte Ecken im Garten.

Ein gutes Bestimmungsbuch und eine Führung zum Thema helfen dabei, neue Wildpflanzen kennenzulernen.

Ein kleiner Rat von mir: Suchen Sie sich einen Spazierweg, den Sie immer wieder gerne gehen und beobachten Sie die Pflanzen über die ganze Vegetationszeit hinweg. Die Bestimmungsbücher, die mit der Blütenfarbe arbeiten, sind sehr einfach und nützlich. Aber die Taubnessel zum Beispiel sieht im März, wenn ihre jungen Blätter herrlich in einer Lasagne schmecken, völlig anders aus, als im Sommer, wenn ihre Blüten sehr hübsch auf einem Salat wirken. Merken Sie sich den Standort der Pflanze daher am besten gleich für den nächsten Frühling.

Die Freude an den Wildpflanzen wächst zunehmend und so wird ein Familienspaziergang auch für die Kinder zu einer spannenden und lehrreichen Expedition. Und falls Ihre Sprösslinge gar kein Grünzeug mögen: Etwas, das sie selbst gepflückt haben, essen sie mit Sicherheit gerne!
Erobern Sie das beinahe verlorengegangene Wissen um die Köstlichkeiten aus Wald und Wiese schrittweise zurück – das ist Nachhaltigkeit, verbunden mit Entdeckung und Genuss.

Brombeere

Botanischer Name
Rubus fruticosus

Synonyme
Murln, Muhrn, Kratzbeere, Mohrenbeere, Bramberi, Heckenbeere

Kennzeichen
Sommergrüner Strauch aus der Familie der Rosengewächse mit kräftig stacheligen, bogig überhängenden Zweigen. Durch die kriechenden und sich leicht bewurzelnden Triebe bilden Brombeersträucher manchmal ein regelrecht undurchdringliches Dickicht

Blüte
2–3 cm groß, weiß, zart rosa, lila oder grünlich

Blütezeit
je nach Art Anfang Juni bis Ende Juli

Triebe
kantig und mit starken Stacheln besetzt; die Seite, die der Sonne zugewandt ist, färbt sich violett-rötlich

Blätter
mit fünf Blattspitzen, manche Arten mit sieben oder drei Spitzen, die meisten Blätter sind an der Unterseite bestachelt

Früchte
erst grüne, dann glänzend schwarze oder blaubereifte Steinfrüchte, die sich bei Reife (anders als Himbeeren) nicht vom Fruchtzapfen lösen. Die Beeren sind aus vielen kleinen Steinfrüchtchen zusammengesetzt, von denen jedes einen Samen in sich trägt. Die Früchte reifen nicht nach und sind im Kühlschrank nur 1–2 Tage lagerfähig. Also besser gleich essen, verarbeiten oder einfrieren!

Vorkommen
Waldränder, Steinbrüche, Wegränder, Hecken, Waldlichtungen

Erntezeit
ab Mitte August

Inhaltsstoffe
Brombeeren und Himbeeren haben unter heimischen Obstsorten den höchsten Mineralstoffanteil: Flavonoide, Gerbstoffe, Äpfel-, Oxal-, Salicyl- und Zitronensäure, Provitamin A, Vitamin C, B1, B2, E und K, Fruchtzucker, Pektine, Tannine und Spurenelemente wie Zink und Mangan.

Der Brombeerstrauch hat zwei Gesichter: Blühend im Frühsommer zeigt er sich lieblich, kommt man ihm aber im Herbst näher, macht man schnell Bekanntschaft mit seinen kräftigen Dornen. Feine Kleidung ist beim Brombeerpflücken daher fehl am Platz. Der geeignete Dresscode lautet alte Jeans, feste Schuhe und ein Oberteil mit langen Ärmeln.

Wie bei allen kräftig roten oder blauen Früchten ist der Gehalt des sekundären Pflanzenstoffs Anthocyan, der freie Radikale fängt und so der Zellalterung entgegenwirkt, bei den Brombeeren sehr hoch. So sind sie, frisch genossen, ein echter Jungbrunnen. Da verzeiht man dem wehrhaften Strauch schon mal einen Kratzer!

Die Blätter und Triebe des Brombeerstrauchs enthalten Gerbstoffe, die gern medizinisch genutzt werden. So schätzte Pfarrer Kneipp vor allem die blutreinigende Wirkung des Brombeerblättertees.
Die Brombeere gehört auch zu den ältesten Heilpflanzen bei Magen- und Darmerkrankungen. Der Tee aus den Blättern hilft bei Durchfall, wirkt entzündungshemmend, gegen Fieber und Erkrankungen der Atemwege. Ein starker Absud der Blätter hilft bei Zahnfleischproblemen, Mandelentzündung und Halsschmerzen. Dazu übergießt man zwei Handvoll frische oder eine Handvoll getrocknete Blätter mit einem halben Liter kochend heißem Wasser und lässt alles zugedeckt 10 Minuten ziehen, dann seiht man ab. Tagsüber kann man dazu öfter mit dem Sud gurgeln.
Als Badezusatz wirken die Blätter adstringierend, erweiterte Poren werden verengt und die Haut gereinigt. Die Früchte lindern Rheumabeschwerden, wirken magenstärkend und blutbildend. Sänger trinken gerne leicht erwärmten Brombeersaft und schützen so ihre Stimme vor Heiserkeit.
Im Mittelalter färbte man außerdem auch Stoffe mit der Brombeere: grau oder braun mit frischen Blättern und Trieben, blauviolett mit den Beeren.

Zurück zum Kulinarischen: Die Verwandtschaft der Brombeere ist riesig, sie hat an die hundert Unterarten. Alle sind sie essbar, nicht jede schmeckt gleich. Die Bandbreite reicht von sehr süß über aromatisch bis säuerlich. Die Früchte können roh genascht oder zu Marmelade, Chutney, Gelee, Saft, Sirup und Essig sowie in Desserts und Kuchen verarbeitet werden.
Möchten Sie ein Brombeergelee zubereiten, mischen Sie am besten einige unreife Beeren zu den reifen, so intensiviert sich der Geschmack.

Im Frühling wachsen Triebe hoch, die noch so zart sind, dass man sie ganz leicht mit der Hand abbrechen kann. Vorsichtig geschält kann man sie zerkleinern und blanchieren, dann in Gewürzessig kochen und in kleine Schraubgläser füllen.
Die Blätter können Sie trocknen und für einen delikaten Haustee nutzen. Gemischt mit einigen Blüten und Blättern der verwandten Waldhimbeere kann so ein Getränk mit den gesundheitlichen und geschmacklichen Vorteilen eines gekauften Grüntees absolut mithalten. Sie tun damit auch Ihrem Magen und Ihrer Haut etwas Gutes. Wer etwas Erfahrung mit dem Fermentieren hat, kann die Blätter auch wie Schwarztee fermentieren, sie schmecken herrlich.

Im Winter finden sich an den Brombeerzweigen schon die Blattknospen für den nächsten Austrieb. Diese Knospen kann man in einem Risotto verarbeiten, sie geben einen feinherben Geschmack ab.
Die noch unentwickelten, zarten Blätter ergeben klein geschnitten eine interessante Würze für Suppen oder Salat.

Brombeerspießchen mit Mozzarella und Basilikum

kleine Mozzarella-Kugeln
Basilikumblätter
schöne, große Brombeeren

Vinaigrette
3 EL Balsamicoessig
1 EL Honig
1 TL frische Thymianblättchen
2 EL Olivenöl
Salz, Pfeffer

Alle Zutaten für die Vinaigrette in einer Schüssel verrühren und abschmecken.

Die Mozzarella-Kugeln etwa 30 Minuten in der Marinade ziehen lassen, dabei öfter bewegen und dann abwechselnd mit den Basilikumblättern und den Beeren auf Spießchen stecken.

› Bild Seite 137

Brombeersenf – eine delikate Grillsauce

500 g Brombeeren
40 ml heller Essig (Balsamico)
100 g brauner Zucker
1 Schalotte
2 gehäufte EL Senfsamen
Salz, frisch geschroteter Pfeffer, 1 Prise Zimt

Brombeeren mit dem Pürierstab fein pürieren und durch ein Sieb streichen, um die Kerne zu entfernen. Zusammen mit dem Essig und dem Zucker leicht köcheln. Die Schalotte fein würfeln und dazugeben. Senfsamen fein mörsern, gut einrühren und alles mit Salz, Pfeffer und eventuell Zucker abschmecken. Nochmals erhitzen und in sterilisierte Schraubgläser füllen. Der Senfgeschmack entwickelt sich noch und kommt erst nach einigen Tagen richtig zur Geltung. Im Kühlschrank zwei Monate haltbar.

Brombeer-Gewürz-Marmelade

1 kg Brombeeren
300 g Gelierzucker 2:1
¼ Tonkabohne oder 1 Zweiglein Steinklee oder Waldmeister
1 Splitter Sternanis
6 Wacholderbeeren
½ Vanilleschote
3 Gewürznelken
1 Kapsel Kardamom
½ Muskatblüte

Brombeeren und Zucker mischen und über Nacht ziehen lassen. Die Gewürze mörsern oder mit einem Messer grob zerkleinern. Mit 1 EL Essig und ein wenig Wasser etwas köcheln lassen, dann ebenfalls über Nacht zugedeckt ziehen lassen.
Den Gewürzsud am nächsten Tag abseihen – die Flüssigkeit wird aufgefangen und zu dem Beerengemisch gegeben. Unter Rühren erhitzen, 4 Minuten kochen lassen und Gelierprobe machen. Dazu lässt man einen Teelöffel der heißen Masse auf einen gekühlten Teller tropfen und überprüft, ob sie schnell fest wird. Rinnt sie auf dem schräg gehaltenen Teller noch hinunter, muss man alles noch einige Minuten weiterköcheln lassen.
Heiß abfüllen. Im Gegensatz zu Kulturbrombeeren schmecken die wilden Kollegen etwas säuerlicher, gelieren durch ihren höheren Pektingehalt aber auch besser.
Hält ein bis zwei Jahre.

Brombeerparfait

500 g Brombeeren
200 g Zucker
½ Vanilleschote
2 Eier
400 ml Obers

Die Brombeeren pürieren, durch ein Sieb passieren und mit dem Inhalt der ausgekratzten Vanilleschote und der Hälfte des Zuckers gut verrühren.
Die Eier mit dem restlichen Zucker schaumig rühren und das Obers steif schlagen.
Eine Parfait- oder Backform mit kaltem Wasser ausspülen und glatt mit Frischhaltefolie auslegen. Das klappt gut mithilfe eines zusammengefalteten Tuchs, mit dem die Folie von der Mitte aus nach außen angedrückt wird. Die Ränder der Folie sollen über die Form hängen, damit man das Parfait nach dem Gefrieren leicht herausheben kann.
Zwei Drittel der Brombeermasse mit der Obersmasse mischen, den restlichen Teil nur zugeben und einmal mit dem Löffel durchziehen, um eine hübsche Marmorierung des Parfaits zu erreichen.
Die Masse einige Stunden, besser noch über Nacht, einfrieren. Vor dem Servieren 6–8 Minuten bei Raumtemperatur leicht antauen lassen.

› Bild Seite 235

Buche

Botanischer Name
Fagus Sylvatica

Synonyme
Rotbuche, Heister

Kennzeichen
Bis zu 30 Meter hoher Baum mit einer breiten und dichten Krone, die Rinde ist glatt und silbergrau. Steht der Baum für sich, ist er fast bis zum Boden beastet. Die Knospen sind auffällig lang, spitz und spindelförmig

Blüte
unauffällig, die weiblichen Blüten (aufrechtstehende Büschel mit Stielchen) befinden sich oberhalb der männlichen Blüten (hängende Büschel mit langen Stielchen). Sie erscheinen gleichzeitig mit den Blättern und sind bräunlich. Die Buche blüht erstmals ab einem Alter von 40–60 Jahren

Blütezeit
je nach Witterung und Standort Anfang April oder Mai

Blätter
eiförmig, ca 8 cm lang. Der Rand ist glatt und etwas gewellt, im jungen Zustand zart behaart, im Herbst goldgelb bis rostbraun gefärbt

Früchte
Aus je zwei Stempeln der weiblichen Blüte entwickelt sich der weichstachelige Fruchtbecher. Bei der Reife öffnen sich die vier Klappen und geben die zwei innensitzenden, dreikantigen Nüsse, die Bucheckern genannt werden, frei

Vorkommen
in klimatisch gemäßigten Gebieten; die Buche bevorzugt ausgeglichenes Klima und nährstoffreichen Lehmboden

Erntezeit
ganz junge, noch zusammengefaltete Blätter je nach Lage ab April, Keimlinge März bis April, Früchte im Spätherbst

Inhaltsstoffe
Bucheckern enthalten ca. 40 % Öl, außerdem Calcium, Eisen, Eiweiß und Stärke, die Vitamine B6 und C, Alkaloide, Oxalsäure und Fagin, das bei übermäßigem und häufigem Rohgenuss zu Bauchschmerzen führen kann. Da aber niemand täglich große Mengen Bucheckern isst (vor allem schält!), hat man nichts zu befürchten. Ähnlich ist es mit der Oxalsäure, die man – in größeren Mengen – bei Nierenproblemen vermeiden sollte.

„Von Eichen sollst du weichen, doch Buchen sollst du suchen" – so bekannt und alt diese Blitzschlag-Regel auch sein mag, sicher ist sie nicht! Aber wenn es um kulinarische Entdeckungen geht, könnten wir sie einfach umdichten: „Unter Eichen und Buchen sollst du suchen!"

Und das bei den Buchen am besten im Herbst, denn wenn das Laub gefallen ist, sind auch die Bucheckern reif. Man muss nur einige sonnige Tage abwarten, dann fallen sie in großer Menge vom Baum herunter. Die „Igel", wie Kinder die Fruchtbecher oft nennen, öffnen sich und geben die Bucheckern frei. Beim Schälen braucht es etwas Geduld und Geschicklichkeit, um an den wohlschmeckenden, nussigen Inhalt zu kommen. Erleichtert wird das Lösen der Schale, wenn die Eckern mit kochend heißem Wasser überbrüht und dann mit einem kleinen spitzen Messer geschält werden. Die innere Hülle stört nicht. Ganz frisch sollten die Bucheckern nicht in großer Menge gegessen werden, die enthaltenen Blausäurederivate zerfallen aber beim Kochen, Erhitzen oder Rösten.

Man streut die geschälten Früchte über Salate, verwendet sie wie Nüsse in Gebäck oder nascht sie einfach so. Zum Lagern müssen die Eckern zuerst getrocknet oder bei niedriger Temperatur gedörrt werden, damit sie nicht zu schimmeln anfangen. Die Schale soll hellbraun sein, dann sind sie trocken und zur Aufbewahrung geeignet.

Das nussig schmeckende Öl wird durch Pressen der Nüsse gewonnen und zur besseren Verträglichkeit erhitzt. Für einen Liter Öl werden etwa 2,5 Kilogramm Bucheckern benötigt.

In größeren Abständen gibt es bei Buchen sogenannte Mastjahre, in denen besonders viele Früchte wachsen. Im Frühjahr zeitig nach der Schneeschmelze lohnt es sich dann, unter den Buchen zwischen dem Laub die Keimlinge zu sammeln, so erspart man sich das mühselige Schälen. Der Keimling hat einen etwa zwei Zentimeter langen weißen Stängel und die zwei Keimblätter sind durch die Bucheckernschale noch eng zusammengepresst. Diese holzige Schale lässt sich ganz einfach abzupfen. Die Keimlinge lassen sich ohne Stängel wie Kapern einlegen, sie sind eine schmackhafte Beigabe zu Käseplatten.

Wenn sich im Wald eine Woche später die beiden Keimblätter entfalten, sehen die Keimlinge richtig hübsch aus, tellerförmig, in der Mitte geteilt und mit einem filzigen „Stöpserl". Nach einem Mastjahr, wenn Keimling an Keimling steht, sieht man im Frühling schon von weitem einen dunkelgrünen Teppich unter der Buche. Der üppige Überfluss macht dann sowohl zwei- als auch vierbeinigen Bucheckernliebhabern

Freude. Durch das reiche Nahrungsangebot kommt es dann auch zu einem höheren Aufkommen von Mäusen und Siebenschläfern.

Die Buchenholzspäne werden in der Gastronomie oft zum Räuchern verwendet. Das rötliche Holz, dem der Baum den Namen Rotbuche verdankt, wird auch zum Möbelbau und als gutes Brennholz verwendet. Die Buchenasche war außerdem ein wichtiger Zusatz bei der Herstellung von Glas, was allerdings dazu führte, dass in der Umgebung von Glashütten bald keine Buchen mehr standen.
Treibt die Buche im Frühjahr wieder aus, sind die jungen Blatt-Triebe eine interessante kulinarische Entdeckung. Sie schmecken säuerlich und können zerkleinert zu Salaten hinzugegeben werden. Allerdings sollte man rechtzeitig ernten, schon eine Woche später werden die Triebe merklich trockener. Dann kann man sie aber noch in eine Karaffe mit Wasser legen und einige Zeit ziehen lassen, vielleicht zusammen mit einer Handvoll Sauerklee. Das ergibt ein erfrischendes Getränk.

Bucheckern-Öl

Eine einfache Methode, um ungefähr einen Viertelliter Öl zu gewinnen:

450 g geschälte Bucheckern

Bucheckern hacken, mit Wasser aufkochen und dabei die Temperatur langsam erhöhen. Das Öl, das sich an der Oberfläche absetzt, abschöpfen.
Hält kühl gelagert ein halbes Jahr.

Bucheckern-Cracker

50 g flüssige Butter
1 Eiklar
15 g glattes Mehl
1 kleine Handvoll geschälte Bucheckern
Fleur de Sel oder anderes mildes Salz

Mehl, Eiklar und flüssige Butter zu einem glatten Teig verrühren, 30 Minuten kühlen und mit einem Pinsel oder einer Palette Streifen von 6–7 cm Länge und etwa 3 cm Breite auf eine Backmatte streichen. Mit Salz und Bucheckern bestreuen und bei 160 °C ca. 7 Minuten backen.

› Bild Seite 88

Bucheckern-Bällchen

Die gehackten, aufgekochten Bucheckern, die bei der Öl-Zubereitung übrigbleiben, können Sie abtropfen und für diese Zubereitung verwenden. Außerdem benötigen Sie:

2 geschälte und geriebene Karotten
1 kleines Stück Sellerie, gerieben
1 Zwiebel, geschält und fein gehackt
2 Eier
Brösel nach Bedarf
1 gehäufter EL Mehl
Petersilie und frischer Rosmarin, fein gehackt
1 Spritzer Sojasauce
Kräutersalz

Alles mischen, je nach Konsistenz Brösel zugeben, Bällchen formen und in einer Pfanne mit Butter oder Öl braten. Wahlweise kann man die Bällchen auch im vorgeheizten Rohr bei 180 °C (Umluft 160 °C) für ca. 25 Minuten backen.

Bucheckern-Risotto

150 g Bucheckern, geschält
300 g Risotto-Reis
500 ml – 1 l Gemüsefond, gut gewürzt
5–6 Schalotten, geschält und gehackt
2 EL Butter
2 EL Oliven-, Nuss- oder Bucheckernöl
1 Karotte, geschält und in Scheiben geschnitten
2–3 frische Knoblauchzehen
3–4 EL Parmesan, frisch gerieben
Salz, Pfeffer in ganzen Körnern

In einer Kasserolle Butter erhitzen und den Reis hinzufügen. Unter Rühren glasig rösten, leicht salzen und etwas frisch geschroteten Pfeffer darüberstreuen. Bei milder Hitze weiter rühren und den heißen Gemüsefond schöpflöffelweise einrühren. Dabei die Flüssigkeit immer unter Rühren einziehen lassen und wieder einen Schöpflöffel (Suppenkelle) Fond zugeben.
Nebenbei die gehackten Schalotten in einer Pfanne im Öl anschwitzen, die Karottenscheiben dazugeben und halbweich garen. Dann die Bucheckern einrühren und den Reis unterziehen. Fertig ist das Risotto, wenn die Flüssigkeit eingezogen und der Reis außen cremig, aber innen noch etwas bissfest ist. Zuletzt den Parmesan einrühren.

Bucheckern-Risotto mit Kartoffel-Hirtentäschel-Salat (Rezept S. 74) und gebackenen Malvenblättern (Rezept S. 116)

Distel

Botanischer Name
Raue Gänsedistel (Sonchus asper)
Kohldistel (Cirsium oleraceum)
Gewöhnliche Kratzdistel (Cirsium vulgare)
Krause Distel (Carduus crispus)
Acker-Kratzdistel (Cirsium arvense)
Silberdistel (Carlina acaulis)

Kennzeichen
alle Disteln sind am Stängel mehr oder weniger bestachelt

Blüte
gelb (Gänsedistel), lila und violett (Kratzdisteln), silbrig (Silberdistel)

Blätter
länglich, manchmal tief eingeschnitten, am Blattrand mit Zähnen und Stacheln

Blütezeit
Juni bis September

Früchte
die Samen haben einen büscheligen Haarkranz

Vorkommen
Wegränder, Bachufer, Almwiesen, nährstoffreiche Wiesen und feuchte Waldlichtungen

Erntezeit
Blätter, die gedünstet werden, während der ganzen Vegetationszeit, zarte Blätter für Salat im Frühling, Wurzeln und Stängel vor der Blüte, Blüten von Juli bis September

Inhaltsstoffe
Gerbstoffe, Bitterstoffe, Flavone, ätherisches Öl, Inulin
Bemerkenswert: Disteln liefern mehr Eiweiß als Soja.

Wenn wir uns früher auf der Alm ins Gras setzten, oder barfuß über die Wiesen liefen, schätzten wir eine Begegnung mit der Distel gar nicht. Dafür nutzten wir den trockenen, weichwolligen Blütenboden gern zum Spielen und die kleinen Brüder ahmten mit diesem „Rasierpinsel“ eifrig den Vater nach. Auf den ersten Blick mag es befremdlich wirken, Disteln zu essen. Aber wenn man bedenkt, dass auch die Artischocke zu den Disteln zählt, sieht die Sache schon wieder anders aus. Die Blüten unserer heimischen Distelarten sind erheblich kleiner als die ihrer Verwandten aus dem Mittelmeerraum; essbar wären sie allerdings. Eine Ausnahme bildet die heute geschützte Silberdistel. Den Boden der Pflanze konnte man früher mit einem Taschenmesser putzen und roh verspeisen. Als „Jägerbrot“ war diese gesunde Delikatesse bei Kindern ein Begriff sehr beliebt.
Die Blüte war früher als Dekoration in Trockengestecken begehrt und wurde gern gepflückt. Aber Veränderungen in der Landschaft, intensive Düngung und die Bewirtschaftung der Bergwiesen führten in vielen Gegenden zu einem Rückzug der Silberdistel, sodass sie schließlich unter Naturschutz gestellt wurde. Ich verwende deswegen nur die Blätter der rauen Gänsedistel und der Kohldistel und die lila Blüten der Acker-Kratzdistel.
Die Wurzeln der Silberdistel wurden früher medizinisch verwendet, bei Appetitlosigkeit, Gallen- und Leberproblemen, sowie bei eitrigen Wunden. Die moderne Forschung bestätigte eine antibakterielle, antibiotische und entzündungshemmende Wirkung. Beachtenswert ist vor allem der Umstand, dass viele gegen andere Antibiotika resistente Bakterien mit Silberdistelextrakt erfolgreich behandelt werden können. Natürlich werden die Pflanzen dafür gezüchtet und nicht mehr aus Wildvorkommen entnommen.

Inzwischen hat die Distel auch bei Steingartenfreunden wieder ein Plätzchen erobert. Es braucht Geduld,

bis die stängellos am Boden sitzenden Blüten mit dem attraktiven, silbernen Blattkranz wachsen.
Die Blätter der Gänsedistel sehen wild und stachelig aus und es braucht etwas Überwindung, sie das erste Mal zu pflücken. Man schneidet den stacheligen Rand mit der Schere ab, das restliche Blatt ist verblüffend zart. Die Blätter der Kohldistel, die oft als „zahme Distel" bezeichnet wird, sind weichstachelig. Die Blätter beider Arten, Gänsedistel und Kohldistel, sind für Gratins, Suppen, Eintöpfe oder Kochgemüse gut geeignet, im ganz zarten Zustand sogar in Salaten. Dann müssen sie aber sorgfältig gepflückt werden – am besten schneidet man sie mit einer Schere ab, sonst färben sich die Knickstellen schwarz.

Im ersten Jahr sind auch die Wurzeln verwendbar, sie werden gereinigt und gedünstet. Gut geputzt verwende ich die Stängel der rauen Gänsedistel in Stücke geschnitten als Pfannengemüse.
Die Gänsedistel schmeckt ähnlich wie Kopfsalat und die Kohldistel weist, wie der Name verrät, einen kohlähnlichen Geschmack auf. Die Acker-Kratzdistel wirkt nicht besonders vertrauenserweckend, aber die jungen Pflanzenteile können ebenso verwendet werden. Ich schneide die bezaubernd duftenden Blüten ab und mache einen feinen Sirup damit.
Es ist eben wie im Leben: Wer von außen rau erscheint, kann unter Umständen feine innere Qualitäten haben. Ein besseres Kennenlernen lohnt sich!

Dinkelnockerl mit Kohldistel

2 Semmeln, würfelig geschnitten
3 EL Butter
250 g Dinkelmehl
250 ml Milch
1 Ei
5–6 Handvoll Distelblätter, blanchiert und in schmale Streifen geschnitten
Salz, Muskatnuss
3 EL abgezupfte Thymianblättchen

In einer Pfanne 1 EL Butter erhitzen und die Semmelwürfel darin kurz anrösten.
Mehl, Milch, Ei, Semmelwürfel, Distelstreifen, Salz und Muskat zu einem Nockerlteig verarbeiten. Die Masse eine Viertelstunde ziehen lassen.
Dann mit einem nassen Löffel Nockerl ausstechen, diese in kochende klare Suppe einlegen und 10–12 Minuten leicht köcheln.
Die restlichen 2 EL Butter erhitzen, Thymian darin leicht anbraten und die abgetropften Nockerln darin schwenken.

Dinkelnockerl mit Kohldistel, Haselnuss-Steinpilz-Pesto (Rezept S. 60), eingelegte Malvenfrüchte und Brombeertriebe

Gefüllte Tomaten mit Distelblättern und Ei

4 Fleischtomaten
20 g Butter
150 g geputzte Distelblätter
Salz, Pfeffer
3–4 Eier
etwas gehackte Petersilie oder Wildkräuter

Die Distelblätter in etwa 10 cm lange Streifen schneiden, in der heißen Butter zusammenfallen lassen und mit Salz und Pfeffer abschmecken.
Von den Tomaten einen „Deckel“ abschneiden und die Kerne mit einem Parisienne-Ausstecher oder einem kleinen Löffel entfernen. Die Distelblattmasse einfüllen. In einer befetteten Gratinform bei 120 °C im vorgeheizten Rohr 8 Minuten lang garen.
Inzwischen in einer Pfanne Rührei mit Salz und Pfeffer zubereiten. Das Rührei dann auf die Tomaten verteilen und alles mit Kräutern bestreuen.
Als Vorspeise mit Pesto anrichten.

Hat sich die Silberdistel im Steingarten schon fleißig vermehrt, können Sie mal einen oder zwei Blütenböden probieren:

Gebirgs-Artischocken

für eine Portion:
2 frische Blüten der Silberdistel
Salz, Zitronensaft
30 g Butter
1 Scheibe Roggenbrot
50 g geriebener Käse
1 kleine Knoblauchzehe

Die stachelige Kelchblattrosette und die Hüllblätter mit einem scharfen Messer abschneiden und den flachen Blütenboden frei legen. Achtung, das kann schon einmal etwas pieksen! Die Distelböden in etwas Salzwasser mit einigen Tropfen Zitronensaft 3-4 Minuten dünsten, dann abgetropft auf einen Vorspeisenteller legen und mit Käse bestreuen. Butter in einer kleinen Pfanne erhitzen, die Knoblauchzehe in dünne Scheibchen schneiden und darin kurz aufschäumen lassen. Die Knoblauchscheibchen und etwas von der heißen Butter mit einem Löffel auf den geriebenen Käse platzieren. In der Pfanne noch eine Scheibe dunkles Brot mit der restlichen Butter antoasten und zu den Distelböden essen.

Distel-Gratin

400 g Distelblätter
4 Eier
70–80 g Mehl
250 ml Milch
2 TL Salz
100 g Käse, gerieben

Distelblätter waschen und in Streifen schneiden. In kochendem Salzwasser einige Minuten lang blanchieren, anschließend abtropfen lassen. Eier, Mehl, Milch, Salz und 70 g Käse zu einem glatten Teig verrühren.
In eine befettete Auflaufform werden nun schichtweise Distelblattstreifen und Teig gegeben, zum Schluss alles mit dem übrigen Käse bestreuen.
Bei 180 °C (Heißluft 160 °C) etwa 30 Minuten goldgelb backen.
Dazu passt ein frischer Dip und Salat.

Acker-Kratzdistel-Sirup

Blüten der Acker-Kratzdistel (je mehr, desto stärker werden Farbe und Aroma)
15 g Zitronensäure
2 Zitronen, in Scheiben geschnitten, ohne Kerne
Läuterzucker (1 kg Feinkristallzucker, 1 l Wasser)

Zucker und Wasser unter Rühren erhitzen und aufkochen lassen, bis die Flüssigkeit klar ist. Dann vom Herd nehmen und erkalten lassen. Den so hergestellten Läuterzucker kann man zum Süßen von Eistee oder Obstsalat usw. verwenden, er ist im Kühlschrank monatelang haltbar.

Zitronensäure unter Rühren im Läuterzucker auflösen. Die duftenden lila Blütenfransen mit einer Küchenschere vom stacheligen Blütenkopf abschneiden, zusammen mit den Zitronenscheiben in den ausgekühlten Läuterzucker geben, kurz rühren und gekühlt drei bis fünf Tage ziehen lassen. Während dieser Zeit ab und zu umrühren. Dann abseihen, in kleine Flaschen abfüllen, verschließen und kühl lagern. Hält gekühlt etwa ein Jahr.

Eiche

Botanischer Name
Stieleiche (Quercus robur)
Traubeneiche (Quercus petraea)

Synonyme
Sommereiche, Wintereiche, Eick, Masteiche, Loheiche

Kennzeichen
ausladender Baum mit knorrigen Ästen. Bei der Stieleiche geht der Stamm bald in die Äste über, bei der Traubeneiche setzt er sich gerade in die Krone fort

Blüte
Die Blüten beider europäischen Arten sind unscheinbar. Männliche und weibliche Blüten befinden sich an einem Baum (einhäusig getrenntgeschlechtig)

Blütezeit
je nach Witterung und Lage Ende April bis Mai, gleichzeitig mit dem Blattaustrieb

Blätter
gelappt oder rund gesägt, nervig, länglich eiförmig, kurzer Stiel (etwas länger bei der Traubeneiche)

Früchte
2–3 cm lang, eiförmig und in einem beschuppten Fruchtbecher sitzend
Bei der Stieleiche wird der Fruchtstiel bis 7 cm lang, bei der Traubeneiche fehlt der Fruchtstiel, die Frucht sitzt direkt am Zweig

Vorkommen
Mischwald, Feldränder, Parks

Erntezeit
Eicheln je nach Höhenlage ab Mitte August oder September, ganz winzige, junge Blättchen für Salate im März, Knospen als aromatisches Gewürz im Februar

Inhaltsstoffe
Eicheln beinhalten unter anderem Proteine, Kohlenhydrate, Vitamin A, Öl, Gerbstoffe, Triterpenglykoside und Calcium. Ihr Nährwert ist beachtlich, deshalb wurden sie früher oft zur Fütterung von Tieren verwendet, aber auch von Menschen verzehrt

Die Eiche – übrigens Baum des Jahres 2016 – wird bis zu 1000 Jahre alt und ihr Stamm erreicht einen Umfang von bis zu 5 Metern. Man muss sich also vorstellen, dass so ein „Baum-Methusalem" mitunter die Geschichte von 30 Generationen miterleben kann! Das Holz ist so haltbar, dass die Lagunenstadt Venedig seit Jahrhunderten auf Eichenstämmen gestützt wird, die zwischen den kleinen Inselchen im Wasser aufgestellt wurden, um Platz zu schaffen und die Stadt vor dem sprichwörtlichen Untergang zu bewahren.

Die Blätter der Eiche verrotten deutlich langsamer als die Blätter anderer Baumarten und weil sie den pH-Wert des Bodens absenken, fördern sie so unter anderem das Wachstum von Himbeer- und Brombeerstauden.

Wie bei der Buche gibt es auch bei Eichen alle paar Jahre ein sogenanntes Mastjahr, in dem besonders viele Früchte anfallen. Es ist ein Fest für zahlreiche Tiere; Eichelhäher, Wildschweine, Schalenwild, Siebenschläfer und Co. sammeln eifrig und fressen sich einen Winterspeck an. Bei so reichem Futterangebot bleibt auch mehr Zeit und Lust zur Zeugung von Nachwuchs. Auch die Hausschweine wurden früher zur Futteraufnahme in die Eichenwälder getrieben. „Auf den Eichen wächst der beste

Schinken!", hieß es damals. Die vierbeinigen Lieferanten des berühmten Iberico-Schinkens werden in Spanien noch heute auf diese Art gefüttert.

Aber Eicheln erfreuen auch uns Zweibeiner. Es gibt verschiedene Arten, die alle verwendet werden können. Zum Gerben von Fellen ist der Gerbstoff der Eiche sehr wichtig, auch für medizinische Zwecke wird die Rinde gerne verwendet. Tee aus Eichenrinde wirkt äußerlich entzündungshemmend auf die Schleimhäute, blutstillend und juckreizlindernd – innerlich wirkt er gegen Durchfall, Entzündungen und übermäßiges Schwitzen. Wer unter feuchten Händen leidet, lässt 5 g Rinde aus der Apotheke mit 1 Liter Wasser aufkochen und eine halbe Stunde ziehen, danach seiht man die Rinde ab und badet die Hände 10 Minuten in dem Sud.

Früher sammelten die Leute auch die an den Eichenblättern befindlichen „Galläpfel", das sind mehrfarbig geringelte, kugelige Gebilde, mit denen die Eiche auf die Eiablage der Gallwespe reagiert. Diese Kugeln enthalten besonders viel Gerbstoff. Sie dienten in der Vergangenheit zur Erzeugung von Tinte und wurden für medizinische Anwendungen bei Hautproblemen, Entzündungen, Angina und vielen anderen Krankheiten genutzt.

Zu kulinarischen Zwecken eignet sich die große Gerbstoffmenge natürlich nicht. Die Früchte der amerikanischen Weißeiche (Quercus alba) oder der Steineiche (Quercus ballota) enthalten weniger Gerbstoff, sind bei uns aber nur selten in Parks anzutreffen. Unsere einheimischen Eicheln müssen entbittert werden.

Dazu gibt es verschiedene Methoden:

- Gerbstoffe sind wasserlöslich. Man kann die Eicheln einschneiden, einige Minuten kochen, dann schälen (Schale und Innenhaut), klein hacken und öfters in frischem Wasser kochen, bis das Wasser klar bleibt. Die weichgekochten Eichelstücke werden zerdrückt. Das ist dann die Basis für Pasteten, Kuchen, Laibchen, Kekse, Brei, Suppe oder Eichelschokolade.

Eine weitere Methode besteht darin, die frisch gesammelten Eicheln sofort mit einem kleinen Messer zu schälen, die dünne Innenhaut abzuziehen und die Eicheln dann in kochendes Wasser zu geben. Nach 15 Minuten Kochen gießt man die Eicheln ab, gibt wieder heißes Wasser darüber und macht so weiter, bis das Wasser klar bleibt. Dann alles klein hacken oder mit dem Fleischwolf durchfaschieren. Haben Sie auf diese Art eine größere Menge erarbeitet, erstens Gratulation zu Ihrem Fleiß – zweitens können Sie die Eichelmasse nun auch in kleinen Portionen einfrieren!

Wer nicht so lange heiß waschen will, kocht die Eicheln zusammen mit etwas Natron im Wasser. Auch Holzasche im Kochwasser hilft. Wichtig ist auf jeden Fall, dass das Wasser nach dem Aufkochen nicht mehr verfärbt ist.

Wenn Eicheln keimen, platzt die Schale auf. Das Fleisch wird dann rosig und ist nicht mehr ganz so bitter.

Die Eicheln können auch wie Maroni eingeschnitten und auf dem Backblech im Rohr bei 150 °C geröstet werden, bis sie aufplatzen. Dann wird die Hitze auf 100 °C reduziert und die Eicheln noch weitere 15 Minuten gebacken. Geschält und zerkleinert kommen die Eicheln in einen Stoffsack, den Sie einen Tag lang in Wasser legen. Das Wasser öfters wechseln, dann trocknen und wieder 15 Minuten bei 100 °C ins Rohr. Die so entstandene Masse kann gemahlen und wie Nüsse verwendet werden.

Eichelmehl stellt man her, indem man die Eicheln für jeweils 24 Stunden ins Wasser legt und das so oft, bis das Wasser sauber bleibt. Dann werden die Eicheln getrocknet und von den Schalen befreit. Anschließend die Eicheln zerkleinern und im Dörrapparat oder im Backrohr bei niedriger Temperatur trocknen und zu Mehl mahlen.

Das Eichelmehl kann vielfältig verwendet werden, für einen Brotlaib ist es aber nicht optimal, da der

Teig zu wenig aufgeht. Also besser mit einem anderen Mehl mischen, nur dünne Fladen machen oder sehr lang und gründlich kneten.

Die Früchte der Stieleiche bleiben fest und eignen sich damit ideal zur Herstellung des Eichelkaffees, jene der Roteiche werden mehlig und zerfallen.
Wie auch immer, die Verwendungsmöglichkeiten für die entbitterten Eicheln sind groß.

Jetzt, nachdem Sie die Hauptarbeit des Entbitterns erledigt haben, fallen Ihnen sicher genug Verwendungsmöglichkeiten ein. Wie der Vegetationskundler Michael Machatschek über den kulinarischen Gebrauch der Eicheln schreibt: „Alles, was man aus Getreide herstellen kann, ist auch aus Eicheln und Edelkastanien erzeugbar." (Machatschek M. 1997)
Einige Anregungen von meiner Seite:

Eichel-Laibchen

200 g Eichelmehl
200 g gekochte und geschälte Kartoffeln
200 g Pilze und/oder Gemüse
2 kleine Zwiebeln
Salz, Pfeffer
weitere Gewürze nach Geschmack

Kartoffeln, Gemüse, Pilze, Zwiebeln und Eichelmehl durch den Fleischwolf drehen oder mit der Küchenmaschine zerkleinern. Dann alles mischen, würzen und zu Laibchen formen. In einer Pfanne in heißem Öl herausbraten.

Eingelegte Eicheln

30 Eicheln im Ganzen, gekocht und entbittert (das dauert naturgemäß viel länger als bei gehackten Eicheln, man muss sie viel öfter mit frischem Wasser aufkochen)
500 ml Wasser
500 g Zucker
1 Splitter Zimtrinde
5 Gewürznelken
5 Pimentkörner
1 EL schwarze Pfefferkörner
3 Wacholderbeeren
1 Prise Salz
2 Kardamomkapseln
Schale einer halben Zitrone (mit einem Messer oder Kartoffelschäler dünn geschält, ohne das weiße Innere)

Wasser und Zucker mit den Gewürzen aufkochen lassen, Eicheln dazugeben und weiterköcheln, bis die Eicheln angenehm weich sind. Eicheln und Gewürzsud in kleine Schraubgläser abfüllen und gekühlt aufbewahren. Der Geschmack wird mit der Zeit immer besser! Ich serviere die eingelegten Eicheln gern wie schwarze Nüsse zu Käseplatten oder Wild.

› Bild Seite 4

Eichel-Pizza

Teig
250 g Eichelmehl
250 g Dinkelmehl
1 Würfel frischer Germ und 1 TL Zucker, mit ein wenig lauwarmer Milch verrührt
2 TL Salz
1–2 Prisen Muskatnuss
300 ml lauwarmes Wasser

Das Mehl in einer Schüssel mischen und in der Mitte eine Mulde machen. Germmischung hineingeben, leicht mit Mehl bedecken und für 10 Minuten an einem warmen Ort gehen lassen. Dann mit den restlichen Zutaten mischen und gründlich kneten. Den Teig gut 2 Stunden rasten lassen.

Pizzabelag
2 Becher Crème fraîche
Salz, frisch geschroteter Pfeffer
6 Schalotten, geschält und in Ringe geschnitten
400 g Hokkaido-Kürbis, geraspelt
2 EL Zitronenthymianblättchen
200 g Emmentaler, geraspelt
100 g Räuchertofu, gewürfelt
Olivenöl nach Geschmack

Den Teig flach ausrollen und auf ein befettetes Blech legen. Crème fraîche mit Salz und Pfeffer verrühren, auf den Teig streichen und Schalottenringe, Kürbisraspel und Tofu darauf verteilen. Thymianblättchen überstreuen, etwas Olivenöl aufsprühen oder darüber träufeln. Mit Käse bestreuen und bei 200 °C etwa 20 Minuten lang backen.

Vegane Eichelpralinen

125 g Rohrohrzucker
100 g Eicheln, entbittert und gemahlen
½ Vanilleschote (Mark herausgekratzt)
250 g Zartbitterschokolade
2 EL Sojasahne

Eicheln mit Zucker und Vanille mischen. Schokolade hacken und in einer Schüssel über heißem Wasser schmelzen lassen, dann Sojasahne einrühren, zur Eichelmasse geben und alles miteinander verrühren. Die Masse etwa 2 cm hoch in eine mit Backpapier ausgelegte flache Form streichen, erkalten lassen und in Würfel schneiden. Kühl aufbewahrt sind die Pralinen einige Tage haltbar.

Eichelschokoladencreme

15 eingelegte Eicheln
2 gehäufte EL weich gerührte Butter
2 gehäufte EL Kakaopulver (kein Instantkakao)
1/4 Vanilleschote (Mark herausgekratzt)
Honig nach Geschmack

Alle Zutaten fein mixen und bei Bedarf etwas von dem Gewürzsud der Eicheln zugeben. Schmeckt fantastisch zu Käse.

› Bild Seite 157

Walnuss-Eichel-Pralinen

150 g Eichelmehl
200 g Walnusskerne
40 g Rohrohrzucker
2 EL weiche Butter
1 Prise Zimt

Alle Zutaten mixen oder faschieren und zu Kugeln formen. Die Kugeln in Kakao wälzen.

Eicheltraum

125 g Eichelstückchen, entbittert
1 EL Butter
2 leicht gehäufte EL Zucker
1 Vanilleschote, Mark herausgekratzt
150 ml Obers
2 EL Sirup (nach Geschmack)

Die Eichelstückchen mit dem Zucker in Butter karamellisieren lassen, dann mit Sirup und Vanillemark pürieren und das steifgeschlagene Obers unterziehen.

Weiße Schokoherz-Pralinen mit getrockneten Schwarz- und Preiselbeeren (Rezept S. 140) (Mitte),im Uhrzeigersinn von oben: Schokopraline in Himbeer-Matchapulver gewälzt (Rezept S. 69), Fichtenwipfel-Zuckerl (Rezept S. 45), Malvenblüten-Praline (Rezept S. 117), Salbei-Zuckerl (Rezept S. 207), Kornblumen-Pralinchen (Rezept S. 103), vegane Eichelpraline in Kakao gewälzt, vegane Eichelpraline in Haselnüssen gewälzt, Rosenpraline (Rezpt S. 231).

Sollten Sie keine Lust oder Geduld für das Entbittern der Eicheln haben:

Eichelkaffee

Eiche

Hier gibt es eine Fülle an Rezepten, die den verschiedenen Geschmäckern entgegenkommen. Das Rösten braucht etwas Übung, also zuerst nur kleine Portionen versuchen. Es macht aber Spaß, versprochen! Die Eicheln kann man nach Geschmack heller oder dunkler rösten – wer den Kaffee besonders mild haben will, verwendet entbitterte Eicheln, verliert dann aber viel von der medizinischen Wirkung. Pfarrer Kneipp empfahl den Eichelkaffee wegen seiner Heilkraft bei Krämpfen, Bauchschmerzen und Durchfall. Nun, so verbindet sich das Angenehme mit dem Nützlichen.

500 g Eicheln schälen, grob zerkleinern, in einer Pfanne bei mittlerer Hitze braun rösten und abgekühlt mahlen. Sie können die Eicheln auch nach dem Rösten trocknen lassen und erst vor Gebrauch feiner mahlen, oder Sie rösten und mahlen überhaupt erst direkt vor dem Genuss.

Von dem so zubereiteten Eichelkaffee nimmt man auf eine Tasse Wasser je einen gehäuften Teelöffel Eichelkaffee. Die Mischung wird aufgekocht und sollte dann 10 Minuten zugedeckt leicht köcheln. Danach abseihen, Milch und Zucker nach Geschmack zugeben.

Der bekannte „Kräuterpfarrer“ Weidinger empfahl den Eichelkaffee 1:1 gemischt mit ebenso gerösteter und gemörserter Gerste – dieses Getränk eignet sich für Menschen mit hohem Blutdruck und dient Osteoporose-
Patienten als Calciumlieferant. Man serviert den Kaffee dann am besten mit Nuss- oder Sojamilch, so nimmt der Körper das Calcium am besten auf. In der „Deluxe-Variante“ geben Sie noch einige im Backrohr geröstete Feigenstücke dazu.
Für welche Variante Sie sich auch entscheiden, kreativ ist die Herstellung auf jeden Fall!

„Frühstück aus Wald und Wiese“: Eichelkaffee, Baguettescheibe mit Hüttenkäse und Springkraut-Gelee (Rezept S. 80),
Weißbrotscheibe mit Crème fraiche und Wacholdermarmelade (Rezept S. 185),
Müsli mit getrockneten Schwarz- und Preiselbeeren, Haselnussjoghurt (Rezept S. 61)

Fichte

Botanischer Name
Picea abies

Synonyme
Rottanne, Kreuztanne, Taxn

Kennzeichen
Die Fichte ist mit einer Höhe von 45 Metern oder mehr der größte heimische Nadelbaum. Freistehende Bäume haben eine kegelförmige Krone mit leicht hängenden Ästen. Bei älteren Exemplaren ist die Rinde bräunlich und schuppig. Die Zweige haben kleine rotbraune Höcker, auf denen die Nadeln rund um den Zweig sitzen. Steht der Baum im Schatten, bilden die Nadeln auch einen Scheitel und wachsen links und rechts vom Zweig.

Achtung – es besteht Verwechslungsgefahr mit der in Salzburg häufig wachsenden Eibe: Diese hat weiche, dunkelgrüne Nadeln und keine Zapfen, sondern Beeren mit essbarer, rötlicher Fruchthülle. Die Kerne sowie Nadeln und Rinde der Eibe sind allerdings sehr giftig!

Blüte
weibliche Blüten sind grüne oder purpurrote Zapfen, männliche Blüten sind anfangs rot-gelb und kätzchenartig

Nadeln
spitzig, stechend, reich an ätherischen Ölen

Zapfen
am Baum hängend und geschuppt. Die Schuppen öffnen sich erst am Boden bei Trockenheit und geben so die geflügelten Samen frei

Vorkommen
größere Fichtenbestände finden sich erst in Gegenden ab 800 Metern Höhe

Erntezeit
junge Triebspitzen (innen noch weich) von Anfang April bis Mitte Mai, je nach Standort

Inhaltsstoffe
Vitamin C, Zucker, Gerbstoffe, Monoterpene (Limonen, Camphen, Phellandren, Bornylacetat, Pinen), Terpentinöle, Balsam und Harze

Ein Gang durch den Wald hat für mich persönlich eine besonders entspannende Wirkung. Die Fichte, unser häufigster Waldbaum, wurde früher als „Hausapotheke“ genutzt, denn in der Vergangenheit holten viele Leute ihre Heilmittel aus dem Wald:
Älteres, nicht mehr flüssiges Fichtenpech kam in die Zugsalbe, die bei vereiterten Wunden und eingezogenen Holzsplittern half. Meistens wurde das Harz zusammen mit Butterschmalz oder Öl erwärmt und so lange gerührt, bis es sich auflöste. Nach dem Abseihen rührte man Bienenwachs ein und das erkaltete Gemisch wurde bei Entzündungen oder schwieliger Haut verwendet. Auch Lärchen- und Tannenharz konnten so genutzt werden.
Die Monoterpene der Fichte wirken antibakteriell und fördern die Durchblutung – so enthält auch der beliebte Franzbranntwein zum Einreiben unter anderem Fichtenextrakt.
Bei Erkältungskrankheiten und Grippe war Fichtensirup das Mittel der Wahl. Fast jede Bäuerin hatte ihr eigenes Rezept für den Sirup und manche stellten sogar Fichtenzuckerl selbst her. Im Winter trank man Tee aus frisch gemörserten Fichtennadeln, dazu kam ein Splitter Zimtrinde oder die getrocknete Nelkenwurz-Wurzel und etwas Honig. Dieser Tee half bei Erkältungen und schmeckte außerdem gut.
Auch als Badezusatz verwendete man die Fichte. Die grünen Zweige wurden einfach mit Wasser gekocht und der Sud dem Badewasser zugesetzt. Das half bei Gliederschmerzen und Verkühlung, aber auch bei manchen Hautkrankheiten. Atemwegserkrankungen wurden mit Inhalationen behandelt.

Von unserer Großmutter lernte ich, dass das bei verletzten Bäumen austretende Pech mit der Zeit erstarrt und dass diese gelblichen Klumpen nach dem Schlachten der Schweine zur Entfernung der Borsten benötigt wurden. Hin und wieder fanden wir an verharzten Fichtenstämmen Teile von rosafarbenem Pech, das in harten Splittern abgehoben wurde. Man konnte die Splitter kauen, sodass sie schnell die Konsistenz von Kaugummi mit Harzgeschmack bekamen – das war das „Kaupech“, das nach Aussage der Großmutter sehr gesund sein sollte. Am liebsten fanden wir Kinder aber ein junges Fichtenbäumchen in der Stube – nämlich zu Weihnachten!

Was können wir kulinarisch mit der Fichte anfangen? Es gibt viele Möglichkeiten. Die frischen, jungen Zapfen, die noch weich und rot sind, werden in der Pfanne geröstet und mit Honig gesüßt. Findige Köche kochen diese Zapfen aus und bereiten ein Sorbet daraus zu. Leider kommt man schwer an die jungen Zapfen heran, die Bäume sind ja schon sehr groß, wenn sie anfangen, Zapfen zu bilden. Vielleicht halten Sie deswegen am besten im Frühjahr nach Holzschlägerungen Ausschau.

Im Sommer können die ausgereiften Nadeln im Dörrapparat getrocknet und fein gemahlen werden. Dunkel und trocken gelagert hat man so ein feines Gewürz für Wild- oder Pilzgerichte.
Die ganz jungen Sprosse an den Zweigen, die sogenannten „Fichtenwipferl" oder „Maiwipferl", können in Essig eingelegt sowie wahlweise mit Zucker oder Salz in der Kaffeemühle verarbeitet werden. Fichtenzucker ist eine interessante Dessertkomponente und Fichtensalz eignet sich als Gewürz für Salate oder zu Fisch. Der Begriff „Wipferl" ist dabei etwas irreführend, denn die Wipferl werden nicht von den Wipfeln der Bäume, sondern von den unteren Ästen gepflückt. Man sollte daher niemals einem jungen Bäumchen die Sprossen am Wipfel entnehmen, das kommt einer Verstümmelung gleich!
Auch als Kräuterbutter eignen sich sehr fein gehackte und mit schaumig gerührter Butter gemischte Fichtenwipferl gut. Sind sie noch ganz klein, mit eng zusammenhaltenden, weichen Nadeln und in der braunen Hülle, ist der zitronige Geschmack vorherrschend, später kommt eine harzige Note dazu. Die häufigste Verwendung finden die Wipferl aber in der Sirup-Herstellung. Je länger sie gekocht werden, desto herber schmeckt der Sirup.

Fichte

Roh zubereiteter Fichtenwipferl-Sirup

Fichtenwipferl
Zucker
125 ml Wasser

Dieser Sirup schmeckt besonders fein:
Zucker und junge, saftige Fichtenwipferl im Verhältnis 1:3 schichtweise in ein Einmachglas mit 1 Liter Fassungsvermögen füllen. Die frischen Wipferl müssen fest hineingepresst werden, der Zucker bildet die abschließende Schicht.
Mit Wasser übergießen und das Glas verschlossen auf ein Fensterbrett stellen. Ab und zu mit einem sauberen Löffel nachdrücken. Nach drei Wochen abseihen und im Kühlschrank aufbewahren. Wird der Sirup bei Raumtemperatur gelagert, muss man ihn zusätzlich noch 5 Minuten lang kochen.
Eine delikate Variante: Föhrenwipferl und Fichtenwipferl mischen.
Hält bei guter Lagerung ein Jahr lang.

Wipferl-Honig

Fichtenwipferl
Honig, Ahorn- oder Agavensirup

Ein Glas zur Hälfte mit ausgesucht kleinen, schönen Wipferln füllen und langsam mit Honig oder Sirup auffüllen. Mit einem sauberen Löffel etwas rühren, damit die Luftblasen aufsteigen. Dann verschließen und dunkel lagern. Nach einer Ziehzeit von drei Wochen abseihen.
Wenn man die Wipferl nach dem Abseihen mit heißem Wasser übergießt, hat man einen köstlichen Fichtenwipferltee.
Hält bei guter Lagerung ein Jahr lang.

Fichtenhonig-Sabayon

3 Dotter
50 g Zucker
100 ml Weißwein oder weißer Traubensaft
Saft von 3 Limetten
60 g Fichtenwipferlhonig (oder dick einreduzierter Sirup)

Alle Zutaten in einer Schüssel über Dampf schaumig schlagen. Ein wunderbar süßer Gruß aus dem Wald!

Wipferlsirup-Variante

4 Handvoll junge Fichtenwipferl
1 l Wasser
1 kg Rohrohrzucker oder Feinkristallzucker

Wipferl über Nacht im Wasser ziehen lassen, dann aufkochen, 15 Minuten köcheln lassen und abseihen. Die Flüssigkeit auffangen und zusammen mit dem Zucker unter Rühren aufkochen, dann unter ständigem Rühren gut 30–40 Minuten einreduzieren lassen. Zur Probe einen Teelöffel voll auf einen gekühlten Unterteller geben. Die Konsistenz sollte dickflüssig sein.
Hält bei guter Lagerung ein Jahr lang.

Für **Fichtenzuckerl** wird diese Masse nochmals weiter einreduziert, bis sie dunkel und dick wie Honig wird. Dann auf ein Blech mit eingefettetem Backpapier streichen. Etwas abkühlen lassen und mit einem eingefetteten Messer in kleinen Abständen einkerben, damit die Stücke gezielt gebrochen werden können. Anschließend trocknen lassen. Die Zuckerl sollten am besten frisch gelutscht werden, sie ziehen schnell Feuchtigkeit an.

› Bild Seite 36

Sprenglinghonig

2–5 Handvoll Wipferl (je nach Geschmack)
1 l Wasser
Zucker

In Salzburg werden die feinen grünen Fichtenwipferl auch „Sprengling“ genannt.
Wipferl 2 Stunden lang in Wasser köcheln, über Nacht ziehen lassen und am nächsten Tag abseihen. Zucker im Verhältnis 1:1 zur Flüssigkeit zugeben. Einige Stunden ziehen lassen, dann weitere 2 Stunden weiterköcheln. Die Konsistenz sollte wie Honig sein, die Farbe dunkelbraun. Das Prozedere nötigenfalls wiederholen, bis die gewünschte Konsistenz erreicht ist. Als Aufstrich oder im Tee genießen.
Hält bei guter Lagerung ein Jahr lang.

Fichten-Pralinen

Fichtenwipferl (ganz jung mit brauner Hülle)
weiße Kuvertüre

Von noch ganz jungen, geschlossenen Fichtenwipferln die braune Hülle abzupfen. Schokolade im Wasserbad bei geringer Hitze schmelzen, die Wipferl eintauchen und auf eine mit Backpapier bedeckte Platte legen. Auskühlen lassen und kühl lagern.

Fichten-Gelee

1 l Fichtenwipferl (leicht in ein Litermaß gedrückt)
1 l Wasser
Saft einer Zitrone
500 g Gelierzucker 2:1

Wipferl und Wasser zusammen aufkochen, 10 Minuten köcheln lassen und den milchigen Saft ausdrücken. Zitronensaft und Gelierzucker zugeben. Aufkochen und 4 Minuten köcheln lassen, die Farbe entwickelt sich zu einem hellen Gelb. Gelierprobe machen, dafür einen Löffel der heißen Masse auf einen kalten Teller tropfen lassen. Wird das Gelee noch nicht fest, einige Minuten weiterköcheln.
In kleine Schraubgläser abfüllen, verschließen und kühl lagern. Passt löffelweise gut zu Schokoladendesserts oder Käse.
Sechs Monate haltbar.

Fichtenwipferl-Dip

1 Handvoll sehr junge Fichtenwipferl
1 Becher Crème fraîche
1 Prise Salz, besser Vogelbeersalz (Rezept S. 179)
1 EL Zitronensaft

Die Wipferl sehr fein hacken, mit Crème fraîche, Salz und Zitronensaft verrühren. Passt sehr gut zu Räucherlachs oder anderen Fischgerichten.

› Bild Seite 67

Fichten-Granita

Hierfür benötigen Sie die gleichen Zutaten wie für den Fichtenwipferl-Dip, aber die doppelte Menge. Statt Salz nehmen Sie nach Geschmack etwa 60 ml Fichtenwipferl-Sirup.

Alle Zutaten zusammenrühren, die Masse abschmecken, in ein flaches Gefäß füllen und tiefkühlen. Alle 30 Minuten mit einer Gabel aufrühren, damit sich grobe Eiskristalle bilden. Passt besonders zu Desserts mit Schokolade.

Eine „Wohltat" zum Einreiben für müde Wanderer:

Selbstgemachter Franzbranntwein

3 Handvoll Fichtenwipferl
(diese können auch schon länger und älter sein – wir wollen sie ja nicht essen)
10–15 reife Wacholderbeeren, zerquetscht
1 Handvoll Minzeblätter
50 ml reiner Alkohol aus der Apotheke
200 ml Kornschnaps

Fichtenwipferl, Wacholderbeeren und Minzeblätter in ein Glas mit Schraubverschluss füllen, dann mit Alkohol und Kornschnaps aufgießen. Einige Wochen bei Raumtemperatur stehen lassen, zwischendurch immer wieder schütteln. Dann abfiltern und in eine Flasche füllen.

Franzosenkraut

Botanischer Name
Behaartes Franzosenkraut (Galinsoga ciliata)
Kleinblütiges Franzosenkraut (Galinsoga parviflora)

Synonyme
Zahnkraut, Rahmgras, Gartenpest, Zigeunerkraut

Kennzeichen
fein behaarte, bis 70 cm hohe Pflanze, verzweigter runder Stiel. Dauerblüher, bildet im Sommer drei Generationen

Blüte
einzelne kleine Blütenköpfchen (6 mm) mit fünf weißen Blättchen, die wie Zähnchen mit Zahnlücken aussehen, Blütenboden ist gelb

Blätter
spitz, gezähnt und behaart, jeweils zwei Blätter stehen einander gegenüber

Vorkommen
Gärten und Äcker, bis zu einer Höhe von 1 200 Metern

Erntezeit
junge Blätter und Triebspitzen von Mai bis Oktober

Inhaltsstoffe
Mangan in größerer Menge, Vitamin A und C, Eiweiß, Kalium, Calcium, Phosphor und Eisen. Mangan ist wichtig für den Kohlenhydrat- und Fettstoffwechsel. Eine Tinktur aus Franzosenkraut wird in der Phytotherapie bei Krebs eingesetzt.

Es ist interessant, zu sehen, welche Pionierpflanzen ein Stück offene Erde zuerst besiedeln, denn frische Erde bleibt nie lange unbedeckt und bietet einer großen Anzahl von Samen die Möglichkeit zu keimen. Manche von ihnen warten viele Jahre auf diese Gelegenheit.

Das Franzosenkraut ist aber durchaus wählerisch, was die Bodenqualität betrifft. Nix da mit Trockenheit, Kargheit und Bescheidenheit! Gut durchlüftet, locker und nährstoffreich soll der Standort sein und sonnig ebenso. Da müssten sich Gärtner und Bauern eigentlich geschmeichelt fühlen, wenn der von ihnen gepflegte Boden die Zustimmung des Krauts findet – tun sie aber meistens nicht, weil sie andere Pläne mit dem Erdreich haben.

Die „kapriziöse Art" des Franzosenkrauts ist dafür immerhin ein Garant für seine Zartheit. Tatsächlich sind Blätter und Triebspitzen unerwartet fein und eignen sich bestens für Salat, Spinat oder Pesto. Die feinen Härchen merkt man beim Essen gar nicht. Getrocknet kann das Kraut zu Kräutersalz verarbeitet werden und schmeckt im Winter als Gewürz zu Kartoffelspeisen.

Die Pflanze ist durchaus ausdauernd, den ganzen Sommer über bildet sie unermüdlich neue Blätter und Blüten. Der erste Kälteeinbruch stoppt diesen Fleiß augenblicklich. Aber keine Angst! Durch die zahlreichen Blüten haben sich natürlich auch viele Samen gebildet, die nun wieder auf ihre Chance warten.

Und der Name? „Knopfkraut" ist klar, die Optik der kleinen Blütenknöpfchen spricht für sich. Aber

Franzosenkraut? Die Pflanze stammt eigentlich aus Südamerika und wurde bei uns erstmals in botanischen Gärten eingebürgert. Dies geschah aber eben zur Zeit der Franzosenkriege.

Der Geschmack des rohen Krauts ähnelt Schnittsalat oder Erbsen, je nach Wuchszeit. Die Stängel des Krauts sind eher zäh, aber aus den Blättern können Sie ein schmackhaftes Pesto zubereiten. Vor allem im Frühling passen die jungen Blätter perfekt in einen Smoothie. Die Blüten können einen Salat schmücken. Mein Favorit ist ein Salat mit jungen Triebspitzen, die vor der Blüte gepflückt wurden.

Getrocknet und gerebelt war das Kraut früher im Winter als Suppenzutat beliebt. Das Franzosenkraut passt gut in Eintöpfe und eine Kräutersuppe wird durch in Streifen geschnittene Blätter fein aufgewertet.

Die Samen sind 1mm große, eiförmige Körner mit weißem Schöpfchen, die sich an den verblühten gelben Blütenböden finden. Die ausgereiften Samen (an der schwarzen Färbung erkennbar) kann man pflücken, trocknen lassen und im Winter auf gleichmäßig feuchtgehaltenem Küchenpapier keimen lassen. Die kleinen Kraftpakete werten Salat oder Müsli auf.

Franzosenkraut

Gesunder Smoothie

Nicht jeder besitzt einen Mixer mit 30000 Umdrehungen, der alles, auch Kerne und Schalen, zu Grus und Mus zerkleinert, wie es sich für ein Smoothie eigentlich gehört. Diese trink- oder löffelbare Form der Rohkost ist eine vorzügliche Möglichkeit, genug gesundes Grünzeug zu sich zu nehmen – aber auf den richtigen Mixer kommt es an. Versuchen Sie es anfangs einfach mit einem normalen Mixer und zarten, weichen Zutaten.
Auftritt für das Franzosenkraut!

50 g Franzosenkrautblätter
50 g Eisbergsalat, grob geschnitten
1 Handvoll Meldenblätter
1 Handvoll Wildkarottenblätter
½ geschälte Gurke, in Scheiben
1 Banane, geschält
1 Apfel, gewürfelt
Zitronenfruchtfleisch, gewürfelt
1 Handvoll Erdbeeren
nach Bedarf etwas Wasser

Alle Zutaten cremig mixen und abschmecken.

Franzosenkraut-Pesto

100 g Franzosenkraut
50 g Taubenkropf-Leimkraut, grob geschnitten
50 g Meldeblätter oder Guter Heinrich, grob geschnitten
50 g gemischt: junge Schafgarbe, Giersch, Gundelrebe, Spitzwegerich und Sauerampfer, alles grob geschnitten
400 ml Rapsöl
50 g gehackte Haselnüsse
50 g Sonnenblumenkerne
Meersalz, frisch gemahlener Pfeffer
100 g geriebener Hartkäse und nach Bedarf noch mehr Rapsöl

Die halbe Menge der ersten vier Zutaten fein pürieren. Die restlichen Zutaten zugeben und kurz pürieren, zuletzt Käse und bei Bedarf noch mehr Öl unterrühren.
Möchte man das Pesto für mehrere Monate haltbar machen, sollte man den Käse erst vor dem Verzehr einrühren. Gekühlt aufbewahren.

Fruchtiger Salat vom Franzosenkraut

4–5 Handvoll junge Franzosenkrautblätter
6 Erdbeeren

Vinaigrette
Saft von einer Limette
2 EL Olivenöl
grüner Pfeffer, geschrotet oder fein geschnitten
Meersalz
1 Prise Zucker

Die Blätter in Streifen, die Erdbeeren in Scheiben schneiden und auf dem Salatteller anrichten. Die Zutaten für die Marinade gut mischen und über den Salat geben.

Sahniger Franzosenkraut-Salat

4–5 Handvoll junge Franzosenkrautblätter
150 g kernlose Trauben, halbiert
1 Handvoll Walnusskerne, gehackt

Vinaigrette
3 EL Zitronensaft
2 EL Blüten- oder Fichtenwipferl-Sirup (Rezept S. 44)
100 ml Obers
1 TL Pfeffer, frisch gemahlen
50 ml Nussöl (oder ein Öl nach Geschmack)
Salz

Die Zutaten für die Vinaigrette gut verrühren. Die Franzosenkrautblätter von den Stielen zupfen, mit der Vinaigrette marinieren, in Glasschüsselchen anrichten und die Traubenhälften mit den gehackten Nüssen darauf verteilen.

Haselnuss

Botanischer Name
Corylus avellana

Synonyme
Gewöhnliche Hasel, Nussstrauch, Klöterbusch, Zellernuss

Kennzeichen
3–5 Meter hoher Strauch, im Alter breit ausladend

Blüte
die männlichen Blüten sind lang hängende Kätzchen mit gelbem Blütenstaub, die weiblichen Blüten sind Knospen mit winzigen, roten Fransen

Blütezeit
je nach Witterung März bis April

Blätter
teils herzförmig, behaart und wechselständig angeordnet

Früchte
in Hülle und Schale verpackte Nüsse, die zu mehreren an den Zweigen sitzen, Hüllen geschlitzt. Es gibt auch rotblättrige Formen der Haselnuss, wie die Rotblättrige Lambertsnuss (Corylus maxima oder purpurea) – sie tragen zwei bis vier große Nüsse in langen Hüllen

Vorkommen
Laubwaldränder, Hecken und Parks

Erntezeit
junge Blätter von März bis April, Nüsse im September

Inhaltsstoffe
In den Nüssen findet man Calcium, Mangan, Magnesium, Phosphor, Silizium, Kalium, Spurenelemente, Salicylsäure, Phytosterine, die Vitamine B1, B2 und E, Zucker, Eiweiß und Öl, das reich an essenziellen Fettsäuren ist. Die Vitamine aus der B-Gruppe unterstützen vor allem Nerven und Gehirn.

„Schwarzbraun ist die Haselnuss, schwarzbraun bin auch ich. Schwarzbraun muss mein Mädel sein …" – das war eines der Lieblingslieder meines Onkels und so habe ich es in meiner Kindheit oft gehört. Mein Bruder erzählte mir, dass sogar das „Golden Gate Quartet", eine berühmte Formation von Gospel-Sängern, als Zugabe bei ihren Konzerten im deutschsprachigen Raum dieses Lied zum Besten gab, mit einem entzückenden Akzent – „Swartsbraun ist die Haselnuss!"

„In die Haselnüsse gehen" war in früheren Zeiten eine Umschreibung für ein heimliches Rendezvous und der Haselnussstrauch galt als ein Symbol für Fruchtbarkeit. Haselnussstauden wachsen sehr langsam. Aus dem festen Holz fertigten die Bauern früher gerne Werkzeugstiele an.

Der Haselnuss-Strauch kann über 100 Jahre alt werden. Ist der Boden nährstoffreich und in sonniger Lage, trägt er Jahr für Jahr eine reiche Ernte. Im jungen Zustand streben die geraden Zweige nach oben, bei alten Stauden neigen sie sich nach außen und bilden ein schützendes Dach. Als Kinder saßen wir zum Spielen gerne im Schatten des Strauchs. Die gleichmäßigen, geraden Zweige schnitt man für Spazierstöcke, um im Garten die Bohnenranken zu stützen oder zum Tragen der Palmbuschen. Sie waren elastisch und doch fest genug, um als Pfeil und Bogen für die Kinder zu dienen. Obwohl die Zweige abgeschnitten wurden, trieb so ein großer Strauch immer wieder kräftig aus.

Die Blätter der Haselnuss, die unter anderem Sitosterin und ätherisches Öl enthalten, wurden früher als Tee bei Gallen- und Lebererkrankungen eingesetzt sowie äußerlich für Umschläge bei Venenentzündungen verwendet. Manche Wirkstoffe in den Haselnüssen sind außerdem bei Gleichgewichtsstörungen hilfreich. Täglich in kleiner Menge gegessen, senken sie den LDL-Cholesterinspiegel.

Das aus den Nüssen gepresste Öl schmeckt hervorragend und ist auch für die Hautpflege gut geeignet. Meine Großmutter schwärmte früher von dem Nussöl und den Weihnachtskeksen mit Nuss-Trester, die sie aus ihrer Kindheit kannte. Heute bekommt man das Öl meist im Reformhaus.

Die Nüsse werden auch zur Kosmetikherstellung verwendet. Ich konsumiere sie lieber innerlich!

Karottensuppe mit Haselnussnockerln

Suppe
300 g Karotten
2 Schalotten
30 g Butter
1 EL Tomatenmark
½ TL Currygewürz
Salz, Pfeffer
500 ml Gemüsefond
100 ml Obers

Nockerl
7 EL Wasser
Salz
20 g Butter
50 g Mehl
2 Eier
2 EL gemahlene Haselnüsse
2 EL gehackte Haselnüsse

Zum Anrichten
3 EL geschlagenes Obers
2 EL Öl
20 g Butter
2 EL gehackte Haselnüsse
Karottengrün oder Petersilie

Karotten schälen und in Scheiben schneiden, Schalotten fein würfeln und mit den Karotten in heißer Butter anschwitzen. Gewürze dazugeben und mit Gemüsefond aufgießen. Etwa 15 Minuten weich köcheln, dann mit dem Mixstab pürieren und Obers dazugeben.

Für die Nockerl Wasser mit Salz und Butter aufkochen lassen, das Mehl auf einmal zugeben und kräftig rühren, bis sich die Masse vom Topfboden löst. Topf vom Herd nehmen und rasch ein Ei unterrühren, das zweite einige Minuten später, wenn die Masse etwas kühler ist. Nüsse untermischen.

Öl und Butter erhitzen und mit einem Teelöffel, den man in das erhitzte Fett taucht, Nockerl von der Masse abstechen und im Fett goldbraun anbraten. Gehackte Nüsse hinzufügen und nur kurz mit anrösten.

Die Suppe auf vier Teller verteilen, mit gehacktem Karottengrün oder Petersilie bestreuen, jeweils zwei Nockerl hineinsetzen und mit dem Nussfett beträufeln.

Haselnuss-Steinpilz-Pesto

150 g Steinpilze, getrocknet und
in Scheiben geschnitten
400 ml Rapsöl
2 Jungzwiebeln
150 g Haselnüsse, geschält
100 g Bergkäse, frisch geraspelt
Saft einer Zitrone
1 Handvoll junger Giersch oder Petersilie
1 EL Steinsalz
etwas frisch geschroteter Pfeffer

Tipp:
Die Pilze in Streifen schneiden und im Dörrapparat, auf der Heizung oder an der Luft (dauert länger) trocknen. Wer die Pilze im Backofen trocknen will, muss das bei niedriger Temperatur (höchstens 40–50 °C) tun und die Backofentür mit einem eingeklemmten Kochlöffel einen Spalt offen lassen. Das ist heute bei vielen Backöfen aber leider nicht mehr möglich.

Die Pilze in ein Glas geben, mit Öl übergießen und verrühren. Über Nacht ziehen lassen.
Am nächsten Tag die Jungzwiebeln schneiden und in 2 EL von dem Pilz-Öl anbraten, dann wegstellen. Die Haselnüsse grob hacken und die Kräuter schneiden. Zusammen mit dem Pilz-Öl und den Pilzen ganz kurz mit dem Mixstab zerkleinern, aber nicht zu fein, der Geschmack ist so besser. Die restlichen Zutaten unterrühren, alles abschmecken und in kleine Schraubgläser füllen. Mit Öl bedecken und im Kühlschrank lagern, das Pesto bleibt so etwa 3 Wochen lang haltbar.

› Bild Seite 4 und 24

Nusspalatschinken

Die Masse ergibt 4 kleine Palatschinken.

2 Eier
3 TL Mehl
4 TL geriebene Haselnüsse
2 Schuss Milch
1 Prise Salz
1 Prise Vanille

Alles mit einer Gabel abschlagen und in einer befetteten Pfanne zu 4 dünnen, kleinen Palatschinken ausbacken. Mit Himbeer- oder Schwarzbeermarmelade (Rezept S. 156) füllen.

› Bild Seite 157

Haselnussjoghurt

4 kleine Becher Naturjoghurt
2–3 Handvoll Haselnüsse, geschält
Honig oder Sirup
Zimt und Vanille nach Geschmack

Die Haselnüsse trocken in der Pfanne leicht rösten, dabei immer bewegen, damit sie nicht anbrennen. Dann auf ein ausgebreitetes Küchentuch leeren und den Großteil der Haut abrubbeln. Anschließend grob hacken, zum Joghurt geben und mit Honig, Vanille und Zimt nach Belieben abschmecken.

› Bild Seite 39

Himbeere

Botanischer Name
Rubus idaeus

Synonyme
Hohlbeere, Hindbeere

Kennzeichen
Halbstrauch mit bogig überhängenden Zweigen und aufrecht stehenden zweijährigen Stängeln mit feinen Stacheln

Blüte
fünf weiße, kleine Kronblätter, rispiger Blütenstand

Blütezeit
Mai bis Juni

Blätter
gezähnt und drei- bis siebenfach geteilt, Oberseite hellgrün, Unterseite weißlich

Früchte
süße himbeerrote Beeren, die aus vielen, kleinen und behaarten Steinfrüchten zusammengesetzt sind, innen hohl

Vorkommen
Holzschläge und Waldlichtungen, Wegränder

Erntezeit
junge Blätter im April, ältere Blätter auch im Sommer und Herbst, einjährige Bodentriebe im März und April, Beeren von August bis September

Inhaltsstoffe
Die Blätter enthalten Gerb- und Aromastoffe, Flavonoide, Magnesium, Kalium, Eisen, Mangan und die Vitamine C und E.
In den Beeren finden sich Fruchtsäuren (vor allem Zitronensäure), Flavonoide, Anthocyane, Ballaststoffe, Eisen, Calcium, Magnesium, Kalium, Provitamin A, Vitamin C, B1 und B2. Außerdem enthalten die Früchte Polyphenole, die das Herz schützen und Tannine, die sich positiv auf die Darmgesundheit auswirken

Die Himbeere ist die Königin der Beeren. Es gibt wohl kaum jemanden, der sie nicht liebt. Ob als Saft, Gelee, Marmelade oder Fruchtessig, auf Torten, in Obstsalat, getrocknet im Müsli, als „heiße Liebe" zum Eis oder in feinem Gebäck – Geschmack und Aroma der Himbeere sind wundervoll.

Meine Mutter war früher immer erfreut, wenn wir Kinder vom Schwarzbeerpflücken zurück kamen und dabei auch ein paar Handvoll wilde Himbeeren gefunden hatten – Saft oder Marmelade schmeckten damit noch besser. Dieser interessante Effekt zeigt sich übrigens auch bei Mischungen mit Kirschen.

Viele sonst geschmacklich gar nicht begeisternde Arzneien werden mit Himbeerextrakt verbessert und so für Kinder genießbar gemacht. Dabei ist die Beere selbst schon Arznei, Fieberkranken helfen die rohen Früchte hervorragend. Aber auch getrocknet munden sie im selbstgemachten Früchtetee und tun dabei noch etwas Gutes für unsere Gesundheit.
Aber nicht nur die Beeren lassen sich verwenden: Im Schatten getrocknete Himbeerblätter ergeben einen aromatischen Tee, der mit Honig gesüßt und als Haustee getrunken wird. Hebammen wussten früher über die stärkende, entkrampfende und nach der Geburt auch milchfördernde Wirkung dieses Tees bescheid. Inzwischen verwendet die moderne Medizin ihn für genau diesen Zweck wieder.
Durch die enthaltenen Gerbstoffe eignet sich Himbeerblätter-Tee aber ebenso gut bei Halsentzündungen und bei Durchfall. Die Blätter können auch fermentiert werden, dabei hängt der Erfolg des Vorhabens allerdings wesentlich von der Temperatur ab: Einige heiße Sommertage sind das Um und Auf. Die frisch gepflückten Blätter werden auf einem befeuchteten Schneidbrett in Streifen geschnitten. Dann werden sie in einer dicken Schicht auf ein sauberes Leinentuch gelegt und mit einem Nudelholz gequetscht. Die Blätter nun mit etwas Wasser besprengen und mit dem Tuch zu einer festen Rolle wickeln. Beide Enden zu einer Wurst binden. Die Rolle nun zusätzlich mit einem Handtuch umwickeln und in einem warmen Raum aufhängen. So entwickelt sich Wärme im Inneren der Rolle. Nach etwa drei Tagen ist diese wieder

abgekühlt und kann geöffnet werden. War der Fermentationsvorgang erfolgreich, duftet der Inhalt angenehm und fast rosenartig. Die Blätter jetzt auseinanderbreiten und gut trocknen, das klappt im Dörrapparat am besten. Im Backofen darf die Temperatur 40 °C nicht übersteigen und man sollte einen Kochlöffel in die Türe klemmen, um diese einen Spalt offen zu lassen.
Dieser Tee schmeckt mindestens so edel wie guter Schwarztee, hat aber keine seiner manchmal unerwünschten Nebenwirkungen.

Wer die grünen Blätter ohne diese Prozedur trocknet, erhält einen Kräutertee, der geschmacklich grünem Tee ähnelt, aber ein angenehm fruchtiges Aroma hat. Wie bei Grüntee sollte man nicht mit kochend heißem Wasser aufgießen, sondern das Wasser auf etwa 70–80 °C abkühlen lassen.

Pikante Himbeerbutter

150 g Himbeeren
120 g weiche Butter (besonders geeignet ist die irische Butter)
1 Tupfer Dijonsenf
10–15 frische Estragonblätter
etwas Limettenschale, frisch abgerieben
frisch gemahlener Langpfeffer, grüner Pfeffer oder Paradieskörner
1 EL Limettensaft

Alle Zutaten sollten Raumtemperatur haben, damit eine homogene Mischung entsteht.

Himbeeren mit dem Mixstab pürieren und durch ein Sieb streichen. Die weiche Butter schaumig rühren und das passierte Himbeermark dazugeben. Die Estragonblätter sehr fein hacken und ebenfalls einrühren, alles mischen und gut abschmecken. Einige Stunden einkühlen. Die Butter ist ein wunderbarer Aufstrich für Brötchen und Canapés.

Delikate Füllung für Strudel- oder Nudelteig

Himbeere

Füllung
40 g frische Wildkräuter (wilder Thymian, Wasserminze, Dost, Wiesensalbei, Wildkarotte …)
130 g frische, junge Himbeerblätter
40 g Butter
30 g Weißbrotbrösel oder Pankobrösel (aus dem Asia-Geschäft)
50 g Rahmfrischkäse
100 g Himbeeren
Saft und abgeriebene Schale einer Zitrone oder Limette
1 Ei
Muskatnuss, gerieben

Wildkräuter und Himbeerblätter sehr fein hacken und in der heißen Butter andünsten, bis sie weich sind. Dann die restlichen Zutaten dazugeben. Gut abschmecken.

Strudelteigtäschchen
Der Einfachheit halber empfehle ich fertigen Strudelteig, aus dem Sie Quadrate mit 15 x 15 cm schneiden. Die Ränder mit Ei bestreichen. 1 EL der Füllung auf die Quadrate geben, die Blätter einrollen und zu Bonbons formen. Mit blanchierten Schnittlauchhalmen abbinden. In heißem Öl ausbacken, auf Küchenpapier vom Fett abtropfen lassen und mit Salat servieren.

Tortellini
250 g Mehl
2 EL Wasser
1 EL Öl
2 Dotter
1 ganzes Ei

Alle Zutaten zu einem glatten Teig verkneten und anschließend 30 Minuten zugedeckt ruhen lassen. Den Teig sehr dünn ausrollen, ausstechen, füllen und in leicht siedendem, gesalzenem Wasser kurz köcheln. Die Tortellini passen ausgezeichnet zu Saibling (siehe folgendes Rezept).

Saibling in Gewürzöl (Rezept S. 68), Strudelteigtäschchen mit Himbeerfüllung und Fichtenwipferl-Dip (Rezept S. 47)

In Gewürzöl gegarter Saibling

¼ Vanilleschote (Mark ausgekratzt)
2 Kapseln grüner Kardamom, geöffnet
2 Zacken Sternanis, zerschnitten
3 Pimentkörner, zerdrückt
1 EL wilde Thymianblättchen
2 Wacholderbeeren, zerdrückt
150 ml Öl

500 g Saiblingsfilet, küchenfertig

Für das Gewürzöl alle Zutaten mörsern und mit dem Öl mischen. Dann leicht erwärmen (nicht mehr als 40 °C).

Fischfilets in einen Gefrierbeutel geben und mit dem Gewürzöl gut verschlossen einen Tag lang im Kühlschrank durchziehen lassen. Den Fisch am nächsten Tag auf einem Blech portionieren, mit dem Gewürzöl beträufeln und bei 60 °C kurz saftig garen. Das Filet sollte auf der Innenseite noch leicht glasig sein. Etwas Meersalz überstreuen und mit Wildkräuter-Himbeer-Tortellini (Rezept S. 66) servieren.

Himbeeressig

Dieser Essig eignet sich sehr gut für Wildkräutersalate und Salate mit Früchten.

2–4 Handvoll Himbeeren
1 l Balsamico (weiß) oder anderer zarter Weißweinessig
1 EL Honig oder Läuterzucker

Die Himbeeren mit Essig übergießen, Honig oder Läuterzucker zugeben und mindestens zwei Wochen ziehen lassen. Die Beeren können dann entweder abgeseiht oder im Essig gelassen werden.

› Bild Seite 4

Kandierte Himbeertriebe

zarte Himbeertriebe (die man leicht abbrechen kann)
Läuterzucker (Rezept S. 27)

Junge Himbeertriebe in Stücke schneiden und die Haut mit einem kleinen Messer abziehen. 10–12 Minuten in Läuterzucker kochen. Die Mischung einen Tag ziehen lassen. Am nächsten Tag den Läuterzucker mit den Trieben bis zu einer goldgelben Farbe einreduzieren und auf eine Backfolie oder ein Blech mit Backpapier auslegen. Trocknen lassen und kühl lagern. Mindestens ein bis zwei Wochen haltbar.
Die kandierten Triebe lassen sich sowohl zu süßen als auch zu pikanten Speisen kombinieren.

Himbeer-Matcha

„Matcha" ist eigentlich die Bezeichnung für die pulverisierten grünen Blätter des Teestrauchs (Camellia sinensis) und derzeit in aller Munde. Es spricht aber nichts gegen eine heimische „Variante", die ebenso köstlich schmeckt:

Grüne, getrocknete Himbeerblätter mahlen und durch ein nicht zu feines Sieb streichen. Das Pulver lässt sich wie Matchapulver vom echten Teestrauch verwenden, z.B. in Gebäck, Eis und Cremes und gibt einen feinherb-fruchtigen Geschmack.

Schokopralinen mit Himbeer-Matcha

20 frische Medjoul-Datteln,
ohne Kern, in Fruchtsaft eingeweicht
(nehmen Sie notfalls getrocknete Datteln)
2 EL Kokosfett
2 EL Kakaopulver (kein Instantkakao!)
1 EL Himbeerblattpulver
zum Wälzen: grob gehackte Haselnüsse
oder Mandeln oder 3 EL Kakaopulver

Die weichen Datteln gut zerkleinern und mit den restlichen Zutaten mischen. Dann portionieren und zu Kugeln rollen, zuletzt in gehackten Nüssen oder Kakao wälzen.

› Bild Seite 36

Glutenfreie Pancakes mit Himbeer-Matcha

100 g Buchweizenmehl
100 g Hirsemehl
1 gehäufter EL Himbeerblattpulver
¼ TL Salz
½ TL Kardamom, gerieben
1 TL Backpulver
250 ml Milch
2 Eier
Butterschmalz oder Öl zum Ausbacken
frische Beeren (Himbeeren, Brombeeren,
Erdbeeren oder Sanddorn)
Honig, Zimt und Vanille nach Geschmack

Die ersten acht Zutaten mischen – dabei zuerst die trockenen Zutaten verrühren, dann mit Eiern und Milch mischen. Den Teig 20 Minuten etwas aufquellen lassen, dann 12–14 kleine, dicke Pfannkuchen in der Pfanne mit Fett herausbacken.
Mit frischen Beeren und Honig, Vanille sowie Zimt nach Geschmack anrichten.

Hirtentäschel

Botanischer Name
Capsella bursa-pastoris

Synonyme
Täschelkraut, Gewöhnliches Hirtentäschel, Herzelkraut, Bauernsenf, Blutkraut, Frieselkraut

Kennzeichen
einjährige, zierliche 30–50 cm hohe Pflanze mit dreieckigen kleinen Früchten, die auf Stielen links und rechts vom Stängel abstehen

Blüte
weiße Kreuzblüten, 3 mm lang, behaart

Blütezeit
ganzjährig, außer bei Frost und Schneee

Blätter
am Boden rosettenbildend, ähnlich gezähnt wie Löwenzahnblätter, die oberen Blätter sind stängelumfassend (das heißt, sie sitzen nicht an Stielen, sondern wachsen direkt am Stängel der Pflanze)

Früchte
4–8 mm kleine, dreieckige bis herzförmige Schoten

Vorkommen
Mauern, Baustellen, Weingärten – die Pflanze liebt nährstoffreichen Lehmboden.

Erntezeit
Wurzeln als Gewürz nur im Frühjahr, Blätter von März bis Juni, Samen von Juni bis September

Inhaltsstoffe
Prolin, Saponine, Flavonoide wie Luteolin und Rutin, Senfölglykoside, Histamin, Kaffeesäurederivate, Calcium, Kalium, Vitamin A und C

Das Verblüffende am Hirtentäschel ist, dass es eigentlich immer blühende Exemplare zu finden gibt – ein fleißiges Pflänzchen! Seinen Namen erhielt dieses zierliche Kraut, weil die Hirten im Mittelalter ähnliche Taschen in dreieckiger Form mit sich trugen.

Die fast ingwerartig scharfe Wurzel, die bis zu 90 cm tief in der Erde stecken kann, wurde früher getrocknet und gemörsert als Gewürz verwendet. Der Aufwand von solch umfassenden „Grabungsarbeiten" steht aber nicht unbedingt dafür. Am besten schmecken die jungen Blattrosetten. Sie sehen Löwenzahnblättern sehr ähnlich, sind allerdings sowohl dünner als auch zarter und schmecken gut mit Marinade und gekochten, zerdrückten Kartoffeln. Wächst die Pflanze auf gutem Boden, wird sie natürlich voluminöser und auch ihre Früchte fallen dann etwas größer aus. Ich lege sie gern wie Kapern ein, weil sie sehr dekorativ sind. Sie können die Früchte aber auch roh über Salate oder Suppen streuen.

Medizinisch genutzt hat man das zerquetschte Kraut zum Blutstillen, egal, ob bei Schnittwunden oder bei Nasenbluten. Sogar bei Gebärmutterblutungen wurden die Samen verwendet, als Ersatz für das Mutterkorn, das stark giftig ist und leicht überdosiert werden konnte. Als Tee hilft Hirtentäschelkraut bei Nieren- oder Gallenerkrankungen und bei Verdauungsstörungen.

Der Geschmack der Hirtentäschelblätter ist wegen den darin enthaltenen Senfölglykosiden kresseartig, je nach Zeitpunkt auch ähnlich wie Rucola.
Junge Triebe können in Dampf gegart, leicht gesalzen und mit Nussöl angerichtet werden. Die ausgereiften Samen kann man trocken aufbewahren und im Winter als gesunde Salatbeigabe keimen lassen.
Verwechseln könnte man das Hirtentäschel mit dem selteneren Stängelumfassenden Hellerkraut (Thlaspi perfoliatum), das kulinarisch jedoch gleich verwendet wird. Die Früchte dieser Pflanze sehen aus wie Miniatur-Schaufelräder und sind dicker sowie in kleinerer Anzahl vorhanden als die des Hirtentäschels.

Kartoffel-Hirtentäschel-Salat

4 Handvoll junge Hirtentäschelblätter (bevor der Blütenstängel wächst)
3–4 Kartoffeln, gekocht und zerdrückt
2 EL Senf
Essig, Öl
200 ml heißer Gemüsefond
Salz
1 Prise Zucker

Die Kartoffelmasse wie Kartoffelsalat anmachen. Die in Streifen geschnittenen Hirtentäschelblätter am Schluss unterziehen und alles gut abschmecken.

› Bild Seite 19

Misticanza

Wildkräuter-Variante eines italienischen Klassikers.

8 Handvoll junge, zarte Wildpflanzenblätter (Hirtentäschel, Löwenzahn, Giersch, Knoblauchsrauke, Sauerampfer, Feldsalat, Spitzwegerich, Melde, Malve, Franzosenkraut, Klatschmohn, Schafgarbe, Taubenkropf-Leimkraut, Wiesenbocksbart, Wiesensalbei, Wildkarotte und andere) – alle etwas zerkleinert
3 Handvoll Pilze
1 EL Zitronensaft
1 Handvoll Haselnüsse, in Scheiben geschnitten
essbare Blüten zum Garnieren

Dressing
Olivenöl
Estragonessig (oder Himbeeressig, Rezept S. 68)
Meersalz, frischer Pfeffer und Zucker

Die Pilze in Öl anbraten und mit Zitronensaft und etwas Salz abschmecken.
Haselnüsse ebenfalls in der geölten Pfanne anbraten und die Zutaten für das Dressing in einer großen Schüssel mit dem Schneebesen aufschlagen. Gut abschmecken. Die Wildpflanzenblätter mit der Mischung marinieren, Pilze und Nüsse noch warm über den Salat geben. Mit essbaren Blüte (Glockenblumen, Gänseblümchen, Kornblumen, etc.) garnieren.

Sülzchen mit Preiselbeeren und Hirtentäschel

250 ml gut gewürzter Gemüsefond
1 TL Agar-Agar (pflanzlich aus Algen)
oder 2 Blatt Gelatine
80 g gedünstetes, feines Gemüse
(Karotte, Zuckererbsen, Zucchini), gewürfelt
1 Handvoll eingelegte oder frische Früchte
vom Hirtentäschel
1 Handvoll frische Preiselbeeren
1 Handvoll eingelegte Knospen (Gänseblümchen, Bärlauch, Kapuzinerkresse usw. – siehe S. 130) oder eine kleine Essiggurke, gewürfelt
1–2 Handvoll Springkraut-Samen

Wenn Sie Agar-Agar verwenden, verrühren Sie das Pulver mit dem Gemüsefond und lassen Sie den Fond zwei Minuten lang köcheln. Gelatine muss erst für einige Minuten in kaltem Wasser eingeweicht und ausgedrückt werden. Anschließend im warmen, nicht mehr heißen Fond auflösen.

Jetzt etwas von der Masse in kleine Gläschen oder Schüsseln füllen, Gemüsestücke, Beeren, Knospen und Samen hübsch darauf arrangieren und mit der verbleibenden Masse auffüllen. Dann für einige Stunden oder über Nacht einkühlen.

Das Sulz kann man entweder direkt im Gläschen mit etwas Chutney servieren, oder kurz in heißes Wasser tauchen und stürzen. Gut geeignet als Vorspeise.

› Bild Seite 88

Indisches Springkraut

Botanischer Name
Indisches Springkraut (Impatiens glandulifera)
Großes Springkraut (Impatiens noli-tangere)
Kleinblütiges Springkraut (Impatiens parviflora)

Synonyme
Indisches Springkraut: Bauernorchidee, Balsamine, Drüsiges Springkraut, Himalaya-Balsam, Himalaya-Springkraut, Vorstadtorchidee

Großes Springkraut: Rühr-mich-nicht-an, Wilde Balsamine, Schnellkraut, Altweiberzorn

Kleinblütiges Springkraut: Sibirisches oder Mongolisches Springkraut

Kennzeichen
einjährige, je nach Art sehr hohe, saftige Pflanze mit rötlich-glasiger, 60–250 cm hohe Stängel

Blüte
die Kronblätter sind paarweise miteinander verbunden und bilden eine lange Zipfelhaube

Indisches Springkraut: lila, weiß, pink

Großes Springkraut: goldgelb mit kleinen rötlichen Punkten

Kleinblütiges Springkraut: weißlichgelb, im Schlund rote Saftmale, die den Insekten den Weg zum Nektar weisen

Blütezeit
Juli bis Oktober

Blätter
wechselständig, dünn, am Rand rötlich gezähnt, lang eiförmig mit Spitze

Früchte
Kapselfrüchte, die die reifen Samen wegschleudern

Vorkommen
Bach- und Flussufer, feuchte Waldränder, nasse, humose Böden
Das Indische Springkraut wächst an offenen Stellen und Kahlschlägen und verbreitet sich dabei stark. Weil es aber bei Frost wieder vollständig – also mit den Wurzeln – abstirbt, kann die Vermehrung nur über die Samen geschehen. Wachsen Bäume oder Sträucher im Umfeld hoch und kommt es dadurch zu Vollschatten, so verschwindet das Kraut auch wieder.

Erntezeit
Blüten im Sommer und Herbst, Samen im Hochsommer und Herbst bis zum ersten Frost

Inhaltsstoffe
Gerbstoffe, organische Säuren, Bitterstoffe, Glykoside. In den Blüten befindet sich ein Farbstoff, der übermäßige Histaminausschüttung hemmt

Üppiges, überquellendes Leben voller Süße, dazu noch exotisch – das scheint für manche Menschen unheimlich und bedrohlich. So geht es zumindest dem Indischen Springkraut. Wunderschöne, duftende Blüten hat es – aber es ist eben einer jener „Neophyten“, der die heimischen Arten verdrängen wird, heißt es. Zwar kamen die „heimischen“ Springkrautarten, die kleiner und unauffälliger sind, ursprünglich auch aus anderen Ländern zu uns, aber trotzdem werden verbissene Feldzüge gegen diese „fremde“ Pflanze geführt.

Imker können dem noch lange im Spätherbst blühenden Kraut mehr Sympathie entgegenbringen. Die Bienen laben sich am Nektar aus den pinkfarbenen oder weißen Blüten und satte 50 Prozent Zuckergehalt werden auch von den Hummeln und den niedlichen Schwärmern, die wie Kolibris aussehen, geschätzt. Sonst blüht um diese Zeit ja nicht mehr viel und so bringt der Fremdling durchaus auch Gutes mit sich.
Eine schon lange heimische, verwandte Art und beliebte Gartenpflanze ist das „Fleißige Lieschen“, das wegen seiner langen Blühdauer zu seinem Namen kam. Auch die Balsaminen gehören zur Verwandtschaft des Springkrauts.

Vor allem die Schönheit der Blüten und deren intensiver süßlicher Duft sind für uns augenfällig. Doch was nützt uns das Springkraut noch?
Frisch zerquetscht wirken die Blüten als Auflage gegen Pilzerkrankungen der Haut. Die Blätter können als Gemüse verwendet werden, dafür muss man sie allerdings erst blanchieren, sonst wirken sie harntreibend und abführend. In Indien werden sie deshalb als Arzneimittel genutzt. Aus den Blättern des Kleinblütigen Springkrauts bereitet man eine Haarspülung, die bei juckender Kopfhaut hilft. Und macht man einmal unfreiwillig Bekanntschaft mit Brennnesseln, lindern die zerriebenen Blätter und Pflanzenteile des Springkrauts das Brennen sofort. Auch Insektenstiche können so behandelt werden.

Kulinarisch interessant wird es mit den Samen. Sie schmecken im unreifen grünen oder auch im reiferen braunen Zustand wie junge Haselnusskerne. Alle Springkrautarten verfügen über einen verblüffenden Mechanismus: Aus dem Fruchtknoten wird nach der Blüte eine spindelförmige Fruchtkapsel, die bei der geringsten Berührung aufbricht. Die Fruchtblätter rollen sich dabei blitzschnell ein und die reifen, schwarzen Körner werden meterweit weggeschleudert. Es empfiehlt sich, einen Papiersack mitzunehmen und ihn so offen zu halten, dass die Samen hinein fliegen. Zu Hause kann man die Samen und eingerollten Kringel der Fruchtblätter dann über einen Salat streuen. Man kann die Fruchtkapseln aber auch einfach in der Hand platzen lassen und die Samen direkt naschen – den Kindern macht das meist besonders viel Spaß!
Im Internet wird Gelee aus den Blüten zum Verkauf angeboten, der Erlös geht in die Erforschung der Pflanzen und soll heimische Arten unterstützen. Meiner Meinung nach eine positive und vor allem geschmackvolle Art, sich einer übermäßigen Ausbreitung entgegenzustellen!

Springkraut-Kräuter-Pesto

200 g junge Wildpflanzenblätter (Hirtentäschel, Melde, Franzosenkraut, Taubenkropf-Leimkraut, Vogelmiere, Malve, Kresse, Giersch und Wiesenbocksbart)
1 Handvoll unreife, noch helle Springkrautsamen
1 Handvoll unreife Hirtentäschelsamen
200 ml Rapsöl oder Sonnenblumenöl
Meersalz nach Geschmack

Die Springkrautsamen in einer Pfanne trocken rösten, bis sie hellbraun sind, dann in eine Schale umleeren. Die Wildpflanzenblätter und Hirtentäschelsamen mörsern und zu den gerösteten Samen in die Schale geben. Mit Öl bedecken, nach Geschmack Salz zugeben, verrühren und in Schraubgläser füllen. Sie sollten darauf achten, dass das Pesto vollständig mit Öl bedeckt ist und keine Pflanzenteile herausschauen, so bleibt das Pesto haltbar. Gut verschließen und im Kühlschrank aufbewahren.
Das Pesto kann mit gekochten Nudeln und Parmesan als Pastagericht gegessen oder leicht mit Öl verdünnt zu Vorspeisen serviert werden.

Pikantes Brot

2 Scheiben Roggenbrot
2 EL Gervais oder Frischkäse
1 EL gehackte Wildpflanzen
(Schafgarbe, Kren, Wildkarottengrün)
2 Wacholderbeeren, gehackt
½ Avocado
½ TL Zitronensaft
1 Handvoll frische Preisel- oder andere Wildbeeren
50 g Schafskäse, zerbröckelt
1 TL Balsamico-Reduktion
Salz
Blüten und Samen vom Indischen
oder Großen Springkraut

Den Gervais mit den gehackten Wildpflanzen und den Wacholderbeeren mischen und die Brote damit bestreichen.
Avocado mit einer Gabel zerdrücken, mit Zitronensaft, Salz und Pfeffer abschmecken und über den Gervais streichen. Beeren, Schafskäse und Blüten auf den Broten verteilen und mit einigen Spritzern Balsamico-Reduktion garnieren.

Balsaminen-Granita

Springkraut

100 g rote Springkrautblüten
1 kleiner Splitter Zimtrinde
250 ml Apfelsaft
250 ml Wasser
Saft von 1 Limette
Blütensirup (z.B. Holunderblüte)

Alle Zutaten außer dem Sirup zusammen aufkochen, dann wegstellen und auskühlen lassen. Blüten und Zimtrinde abseihen und mit Sirup abschmecken – hier nicht sparen, denn im geeisten Zustand kommt die Süße deutlich weniger stark heraus. In eine flache Form füllen und für etwa 3 Stunden einfrieren. Für die gewünschte Konsistenz alle 30 Minuten mit einer Gabel aufkratzen, damit sich grobe Eiskristalle bilden.

› Bild Seite 225 und 235

Springkraut-Gelee

150 g rote Blüten des Indischen Springkrauts (ohne grüne Stielchen)
500 ml weißer Traubensaft
500 ml Wasser
Saft von 2 Zitronen oder 4–5 g Zitronensäure
500 g Gelierzucker 3:1
1 EL Agar-Agar

Blüten mit Wasser und Traubensaft übergießen, Gelierzucker und Zitronensaft zugeben, durchrühren und im Kühlschrank zwei Tage zugedeckt ziehen lassen. Dabei öfters umrühren. Anschließend die Blüten abseihen, Agar-Agar in die Flüssigkeit einrühren und alles aufkochen lassen. 3 Minuten kochen, Gelierprobe machen und nötigenfalls 1–2 Minuten weiterkochen.
In kleine Gläser abfüllen und verschließen. Ruhig stehen lassen, bis das Gelee ausgekühlt und fertig geliert ist.
Hält gekühlt ein Jahr.
Passt unter anderem gut auf ein Frühstücksbrot mit Hüttenkäse.

› Bild Seite 39

„Eingelegtes aus Wald und Wiese": Zitronengelee mit Kornblumenblüten (Mitte) (Rezept S. 103); im Uhrzeigersinn von rechts: Preiselbeersauce (Rezept S. 136), Hagebuttenmarmelade (Rezept S. 237), Wildkirsch-Marmelade (Rezept S. 223), Springkraut-Gelee (Rezept S. 80), Eibisch-Hustensirup (Rezept S. 116), Wildfrucht-Kompott (Rezept S. 177), Wiesensalbei-Sirup (Rezept S. 206)

Isländisches
Moos

Botanischer Name
Cetraria islandica

Synonyme
Kramperltee, Raschbei, Graupen, Geißtrauben, Lungenflechten, Hirschhornflechten, Tartschen, Strüben, Almgraupen, Islandmoos

Kennzeichen
bis 8 cm hohe Bänderflechte mit grünlicher bis olivgrüner Färbung und weißgrauer Unterseite, ledrige Konsistenz

Vorkommen
ab 800 m Seehöhe, auf Almen oder Bergwiesen und an der Waldgrenze – die Pflanze bevorzugt eher saure Böden

Erntezeit
ganzjährig, so lange kein Schnee liegt – für Küchenchefs und Wildpflanzenverrückte ist allerdings selbst die winterliche Witterung kein Hindernis!

Inhaltsstoffe
reichlich Stärke (Lichenin), Mineralien, Bitterstoffe, Schleimstoffe, Fett, Jod, Enzyme und Vitamine
Das Isländische Moos, beruhigt die Schleimhäute und wirkt antibiotisch schleimlösend sowie reizlindernd bei Husten. Bekannt ist auch die appetitanregende und blutbildende Wirkung der heilkräftigen Flechte

Das Isländische Moos segelt unter falscher Flagge. Es hat nämlich mit Moos gar nichts zu tun, sondern bildet als Flechte eine „Arbeitsgemeinschaft“ aus Algen und Pilz: Der Pilz versorgt die Algen mit Mineralien und „besorgt“ das Wasser, dafür beherrscht er die Assimilation und Zuckerbildung nicht, was die Algen erledigen. Ausgetauscht werden die Nährstoffe über die sogenannten Hyphen (Pilzfäden). So schafft die Pflanze es durch friedliche Symbiose auch in rauen und unwirtlichen Lagen zu überleben. Der Pilz ist zur Sporenbildung fähig und ab und zu findet man an einer Flechte einen braunen oder rötlichen scheibenförmigen Sporenbehälter, der jahrelang Sporen verbreiten kann. Ansonsten werden die Flechtenteile durch Wind, Wetter, Tiere und Wandererschuhe weiter verbreitet und wachsen an anderen Stellen wieder an.

Regnet es, fühlt sich das Isländische Moos weich und nachgiebig an, ist alles trocken, wird es sperrig und hart. Eine dunkelbraune Färbung erhält die Flechte, wenn sie an heißen, sonnenbestrahlten Plätzen wächst, grün, wenn sie frisch zwischen Gras oder Moos gewachsen ist, und hellweißlich, wenn sie schon einen Winter überstanden hat. Ohne Wurzeln sitzt sie auf sandigen und steinigen Böden, im Almgras oder auf Moos. Beim Almheuen rechen die Bauern das Isländische Moos oft mit dem Heu mit. Die Sennerinnen sammelten früher die hakeligen Gebilde, die im Detail wie kleine Geweihe aussehen, um sie gekocht den Schweinen zu verfüttern.

In Hungerszeiten rettete das Isländische Moos auch vielen Menschen das Leben. Heute pflegt es Sängern die Stimme sowie Verkühlten den Hals. Die bekannten Pastillen sind in Sängerkreisen beliebt und auch den sogenannten Kramperltee bekommt man in der Apotheke.
Unsere Großmutter sammelte besonders die Flechten, die „rote Füße“ hatten, die also an der Stelle, an der sie am Boden aufsaßen, rostrot gefärbt waren. Sie hatten ihrer Aussage nach mehr Heilkraft und dienten zur Stärkung von Rekonvaleszenten und stillenden Frauen. Da es in unserer Gegend durch Eisenvorkommen öfters kleine Rinnsale gibt, an denen der Boden gleich rostrot gefärbt ist, nehme ich an, dass in diesem Fall der erhöhte Eisengehalt zu dem von den Vorfahren beobachteten Mehrnutzen führte.

Imker kochten das Islandmoos früher so lange in Wasser, bis die Flüssigkeit eindickte. Dann wurden die Flechten abgeseiht und die sulzige Flüssigkeit mit Zuckerwasser verrührt, um sie den Bienen anzubieten. Auch in der Farbstofferzeugung und in Parfumessenzen fand die Flechte Verwendung: So zweifelte ich einmal an meinem Geruchssinn, weil mein Lieblingsduft Chanel No. 5 plötzlich nicht mehr ganz genau so roch wie früher. Dann erklärte mir mein in der Modebranche tätiger Neffe aber, dass die Rezeptur tatsächlich verändert wurde und dass das Isländische Moos nun bei diesem Parfum nicht mehr enthalten sind.

Beim kulinarischen Einsatz der Flechte erfordert das umständliche Putzen eine gewisse Mehrarbeit. Durch die Eigenart der Flechtenbänder, Fichtennadeln oder Sand am Grund mit einzuschließen, müssen die zu kurzen Röhren zusammengewachsenen Bänder mit einer Nagelschere aufgeschlitzt werden. Denn wer will schon Sand im Salat? Wenn man diesen umständlichen Arbeitsschritt lieber umgeht, pflückt man das Isländische Moos besser im feuchten Gras.

Auch der Bitterstoffgehalt der Pflanze ist nicht ohne – das merkt man besonders, wenn die Flechte grün ist. Lag sie schon unter Schnee und wurde häufiger beregnet, ist sie weißlicher und der Geschmack nicht mehr so bitter.

Es gibt einige Methoden, die Flechte zahmer zu machen. Generell muss man sie immer wieder in frisches, heißes Wasser legen und eine Zeit

darin wässern. Hierzu kann man eine Mischung aus 1 Liter Wasser und 1 EL Natron verwenden und die Flechte über Nacht oder für 24 Stunden einweichen. Danach das Wasser öfter wechseln.
Früher kochte man mit dem Wasser etwas Asche auf, ließ diese zu Boden sinken und goss das Wasser dann vorsichtig ab. In der so gewonnenen leichten Lauge wurden dann die Flechten weichgekocht. Auch bei dieser Methode sollte man nach dem Kochen öfter das Wasser wechseln. Zu guter Letzt kann man das Isländische Moos auch in einer Flüssigkeit aus gleichen Teilen Wasser und Milch kochen.
Die entbitterten Flechten kann man dann trocknen lassen. Sie werden dabei hart und kratzig, was die in Salzburg verbreitete Bezeichnung „Raschbei" (kleine Raspeln) erklärt. Gut getrocknet halten sich die Flechten notfalls jahrelang. Sie müssen nur wieder kurz in Wasser gelegt werden, um ihre Weichheit zurück zu erlangen.
Durch das lange Kochen der Flechten dickt das Wasser immer mehr ein. Daher wurde Isländisches Moos auch zum Eindicken von Suppen und Brei verwendet. Man gibt 20g getrocknetes Islandmoos auf 500 ml Wasser. 30 Minuten kochen und noch heiß gut abtropfen lassen. Die Flechten kann man als Salat verspeisen und die durch das Kochen entstandene Gallerte lässt sich für Süßspeisen oder zum Binden von Saucen und Suppen nutzen.

Es gibt sogar Schokolade oder Kakao aus Isländischem Moos. Der Schokogeschmack kam früher aus den Wurzeln des Knabenkrauts. Heute können wir das Knabenkraut allerdings unbehelligt lassen und nehmen dafür echten Kakao.

Für neugierige Feinschmecker gibt es viele Rezepte rund um das Isländische Moos. Manche davon sind aber eher gewöhnungsbedürftig und die isländische „Fjällagrasasupa" würde mich persönlich eher nur während einer Hungersnot begeistern. Einige durchaus schmackhafte Rezepte will ich aber gerne mit Ihnen teilen!

Salat vom Isländischen Moos

2 große Handvoll sauber geputztes helles Islandmoos
Essig, Öl
Salz, Pfeffer
Preiselbeeren

Das Moos eine Stunde lang in Wasser köcheln, wegstellen und 5 Minuten ausquellen lassen. Dann in ein Sieb zum Abtropfen geben und nach Geschmack mit Essig, Öl, Salz, Pfeffer und Preiselbeeren marinieren. Wer mag, kann die Flechten nach dem Abtropfen auch gut salzen und in Mayonnaise ziehen lassen.

Flechtenmehl-Brot

Ein Experiment für erfahrene Brotbäcker: Entbitterte und gut getrocknete Flechten kann man zu Flechtenmehl mahlen und mit normalem Mehl mischen. Diese Mischung wird für Brot verwendet, das sehr lange haltbar ist. Achtung, der Teig wird allerdings etwas härter!

125 g Flechtenmehl
300 ml Wasser
150 g Roggenmehl
5 EL Sauerteig
1250 g Roggenmehl

Flechtenmehl 30 Minuten im Wasser köcheln lassen, dann wegstellen und eine Stunde ziehen lassen. Mit 150 g Roggenmehl und Sauerteig zum Gären ansetzen und über Nacht stehen lassen. Dann mit dem übrigen Roggenmehl verkneten und den Teig 4 Stunden lang gehen lassen. Auf sechs Laibe aufteilen. Im auf 250 °C vorgeheizten Ofen ca. 15 Minuten anbacken, dann die Temperatur auf 150 °C reduzieren und ca. 50 Minuten fertigbacken.

Islandmoos-Dinkelbrötchen

ergibt 20–25 Stück:
50 g Flechtenmehl
50 ml Wasser
500 g Dinkelmehl
1 Pkg. Trockengerm
1 Prise Zucker
200 ml Milch
1Ei
2 EL Rapsöl
1 Prise Meersalz

Wasser erhitzen, Flechtenmehl einrühren, wegstellen und abkühlen lassen.
Dinkelmehl, Germ und Zucker mischen.
Die Milch erhitzen und das eingeweichte Flechtenmehl dazugeben, dann die Dinkelmehlmischung untermengen.
Zuletzt Ei, Öl und Salz hinzufügen und alles gut durchkneten. Den Teig 30 Minuten bei Raumtemperatur gehen lassen. Bällchen formen und die Teiglinge auf einem befetteten Blech nochmals 15 Minuten aufgehen lassen, dann mit Wasser bestreichen und bei 180 °C (Umluft 160°) 15–16 Minuten hellbraun backen.

Alpiner Algensalat

4–5 Handvoll entbittertes Islandmoos

Gewürzsud

500 ml heller Balsamico
400–500 ml Wasser
3 EL Zucker
2 EL Salz
3 Lorbeerblätter, 3 Pimentkörner, 10 schwarze Pfefferkörner, 3 Wacholderbeeren, 1 Kardamomkapsel, 1 EL Senfkörner, 1 Zweig Thymian, 1 EL Fichtennadeln

Alle Zutaten für den Gewürzsud aufkochen und 5 Minuten zugedeckt köcheln lassen, dann abkühlen lassen. Die Gewürze abseihen und den Sud zusammen mit dem Islandmoos erneut aufkochen. Die Flechten bis zur gewünschten Konsistenz leicht kochen lassen und dann entweder heiß in kleine Gläser abfüllen und mit Öl bedecken (als Vorrat) oder abtropfen, auskühlen lassen und mit etwas Olivenöl anmachen, wenn der Algensalat gleich gegessen wird.
Sehr hübsch wirkt der Salat mit Preiselbeeren oder Salzburg-Oliven *(siehe Buch „wild & köstlich“ im Kapitel Kornelkirsche)* angerichtet. Dazu passen Schwarzbrot- oder Nussbrot-Chips: Dafür mit einer Brotschneidemaschine 2 mm dünne Brotscheiben schneiden, auf ein mit Backpapier ausgelegtes Backblech legen und bei 50 °C trocknen, bis die Scheibchen beim Brechen knacken. Den Gewürzsud kann man wieder verwenden!

Alpiner Algensalat mit eingelegten Vogelbeeren, Sülzchen mit Preiselbeeren, Hirtentäschel und zarten Krenwurzeln (Rezept S. 75), Bucheckern-Cracker (Rezept S. 17)

Klatschmohn

Botanischer Name
Papaver rhoeas

Synonyme
Mohnblume, Tintenblume, Kornrose

Kennzeichen
einjährige, 30–80 cm hohe Pflanze, die nach der Blüte abstirbt und sich durch Samen vermehrt, Stängel aufrecht und behaart, mit weißem Milchsaft (enthält keine Opiumalkaloide)

Blüte
auffällig rote, einzeln stehende Blüte mit vier rundlichen etwa 4 cm langen roten Blütenblättern, am Grund meistens mit schwarzem Fleck.
Fadenförmige Staubfäden, auf der Oberseite des Fruchtknotens befinden sich 8–18 Narben. Die Knospe hat zwei behaarte Kelchblätter, die abfallen und die noch verknitterten Blütenblätter freigeben

Blütezeit
Mai bis Juli

Blätter
borstig behaart, fiederspaltig, meist gezähnte Abschnitte

Frucht
der Stempel wird zu einer Kapselfrucht mit Krönchen, die sich bei Reife oben öffnet und bei jeder Windbewegung die dunkelgrauen Samen verstreut

Vorkommen
Getreidefelder, Wegränder, Baustellen – die Pflanze bevorzugt kalkhaltige Ödböden

Erntezeit
junge Blattrosetten in kleinen Mengen im April (bevor der Blütenstiel wächst), Blütenblätter von Mai bis Juli, Samen von Ende Juli bis August

Inhaltsstoffe
Anthocyane, Mineralstoffe, Vitamine B und E, Aminosäuren wie Leucin und Lysin, Omega 3 Fettsäuren, Eiweiß, Alkaloide, Papaverin und Schleimstoffe.
Der Klatschmohn gehört zu den calciumreichsten und das aus ihm gepresste Mohnöl zu den linolreichsten Lebensmitteln.

Wer kennt den Klatschmohn nicht? Feuerrot und fröhlich steht er im Sommer da, wenn der Boden trocken ist und die Sonne scheint. Mehr als 600 verschiedene Mohnarten soll es weltweit geben – bei uns sind Klatschmohn, Saatmohn (Papaver dubium), Sandmohn (Papaver argemone) und Schlafmohn (Papaver somniferum) wohl die bekanntesten.

Das Mohndorf Armschlag im Waldviertel hat sich vor allem dem Graumohn verschrieben. Dort werden mir Mohn Schokolade, Likör, Honig, Öl, Gebäck, Kosmetika, Seife und Pflegeprodukte hergestellt. In den Gasthöfen gibt es Mohnnudeln, Mohnstrudel, Mohnzelten und noch vieles mehr. In Österreich ist der Mohnanbau zu Nahrungszwecken erlaubt, in Deutschland und vielen anderen Ländern allerdings verboten. Das hat einigen Gartenbesitzern, die die schönen Blüten schätzen, schon Ärger eingebracht. Der Grund dafür ist der weiße Milchsaft in den grünen Pflanzenteilen des Schlafmohns, der seit über tausend Jahren zur Morphium- und Opiumherstellung genutzt wird.

Aber unser Klatschmohn darf Wiesenränder und Gärten ungestraft schmücken. Er ist harmlos und man müsste schon große Mengen der Blätter vertilgen, um überhaupt Bauchweh zu bekommen. Beliebt ist er auch im Tierreich: Die Mohnbiene schneidet

mit ihren Kieferzangen Stückchen aus den Blütenblättern, um ihr Nest damit gemütlich auszupolstern. Und der Feldhamster futtert die Blütenblätter lieber gleich ganz.

Als der Klatschmohn noch weit verbreitet war und elektronische Spielzeuge noch nicht Einzug ins Kinderzimmer gehalten hatten, war die Pflanze ein beliebtes Kinderspielzeug: Mit Daumen und Zeigefinger der linken Hand bildete man einen Ring und bedeckte diesen mit einem Blütenblatt des Mohns. Dann schlug man mit der flachen rechten Hand kräftig darauf – dieses knallende Geräusch gab dem Klatschmohn seinen Namen. Kleine Mädchen bastelten Mohnpüppchen, indem sie die Blütenblätter nach unten zum Stängel bogen, einen Grashalm darum wanden und damit einen Knoten machten, von dem nun jeweils ein Ärmchen links und rechts weg stand. Auch rote Tinte aus den Blütenblättern wurde angesetzt. Die Blüten müssen dann gepflückt werden, wenn die zwei grünen Kelchblätter sich zu öffnen beginnen, denn nur dann bleibt die schöne Farbe erhalten!

Als Medizin werden sowohl Blätter als auch Blütenblätter des Klatschmohns verwendet. Mohnblüten-Sirup beruhigt bei Reizhusten, ohne den Husten zu unterdrücken. Auch irritierte und empfindliche Haut behandelt man mit Mohnprodukten. So kann man 2 EL Mohnsamen mit 2 EL Joghurt und 1 TL Honig mischen und als pflegendes Peeling verwenden.

Im Brauchtum unterschiedlicher Völker kommt dem Mohn ebenfalls Bedeutung zu: In England erinnert eine am Revers getragene Mohnblüte am 11. November an das Ende des Weltkriegs mit 100 000 Toten in Flandern. Und in den Alpenländern soll zu Silvester möglichst viel Mohn gegessen werden, weil das reichen Geldsegen bedeutet.

Brote, Flesserl, Semmeln und anderes Gebäck wird im Regelfall mit ganzen Mohnkörnern bestreut. Dabei sollte man den Mohn lieber frisch mahlen, mörsern oder quetschen, so schmeckt er am besten. Die jungen Blattrosetten ergeben im Frühjahr leicht gedünstet einen interessanten Salat. Besonders gut dazu passt natürlich etwas Mohnöl in die Marinade.

Schafskäse-Mohncreme auf Wildkräutersalat

Creme
150 g Schafskäse
250 g Topfen
2 gehäufte EL Sauerrahm
30 g reife Mohnsamen
Kräutersalz, Pfeffer

Salat
zarte Blätter von Schafgarbe, Strahlenloser Kamille, Wiesensalbei, Franzosenkraut, Malve, Löwenzahn und Hirtentäschel
2 EL Balsamico
1 EL Wasser
2 EL Mohnöl (notfalls ein anderes Öl)
1 EL Sirup von Kamille, Schafgarbe oder Wiesensalbei (z.B. Rezept S. 149)
Salz
1 TL Senf

Schafskäse mit einer Gabel fein zerdrücken, die restlichen Zutaten damit vermischen und gut abschmecken.

Den Salat auf vier Vorspeisentellern anrichten, die Zutaten für die Marinade mischen und darüber träufeln. Zuletzt die Creme mit einem Löffel als Nockerl auf den Salat setzen und einige Blüten überstreuen. Dazu passen Topfenstangerl nach Urli-Omas Rezept oder mit Mohn bestreute Brötchen.

Urli-Omas Topfenstangerl

250 g Butter
250 g Mehl
250 g Topfen
Salz
1 Ei
1 Ei zum Bestreichen
Salz, Käse und Mohn zum Bestreuen

Die ersten 5 Zutaten mischen und den Teig nicht zu dünn auswalken. In Stangerl schneiden, mit Ei bepinseln und nach Geschmack bestreuen. Dann bei 180 °C für 10–12 Minuten goldgelb backen.

Klatschmohn-Sirup

40–50 g Klatschmohn-Blütenblätter
250 ml Wasser
250 ml Zucker
1 gestrichener TL Zitronensäure

Die abgezupften Blütenblätter mit aufgekochtem Wasser übergießen, abkühlen lassen und zugedeckt 5 Stunden ziehen lassen. Die Flüssigkeit nach dem Abseihen mit Zitronensäure und Zucker aufkochen und 5–10 Minuten köcheln lassen.

Dieser Sirup wirkt hustenstillend, beruhigend und leicht schmerzstillend. Er passt aber auch zu Desserts wie Kokospudding oder Grießflammerie.

Mohnblümchen

250 g glattes Mehl
50 g Staubzucker
15 g gemörserte Mohnkörner
etwas Vanillemark
1 Messerspitze geriebene Tonkanussbohne
1 winzige Prise Salz
180 g Butter aus dem Kühlschrank
1 Dotter
Himbeermarmelade oder rote Ribiselmarmelade, passiert
Keksausstecher in Blumenform
Fingerhut oder kleiner Lochausstecher

Alle trockenen Zutaten mischen, auf ein Brett geben und die kalte Butter mit einem Messer einhacken. Dann mit kühlen Händen kurz zwischen den Handflächen verkrümeln, Dotter dazugeben und kurz verkneten. Den Teig in Frischhaltefolie einwickeln und für eine Stunde einkühlen.
Backrohr auf 180 °C Ober- und Unterhitze vorheizen.
Nun den Teig ganz kurz durchkneten und auf einem bemehlten Brett oder zwischen Backpapier 3 mm dick auswalken. Blumenformen ausstechen und die Hälfte davon mit Loch versehen. Auf einem Blech mit Backpapier 8–9 Minuten goldbraun backen.
Abkühlen lassen und auf die „ungelochte" Hälfte der Kekse mit einem Spritzsack oder Löffel etwas Marmelade streichen. Die Kekse mit Loch oben aufsetzen.

Mohnblümchen mit Wildfruchtkompott (Rezept S. 177)

Kornblume

Botanischer Name
Centaurea cyanus

Synonyme
Kaiserblume, Roggenblume, Cyane, Hungerkraut, Kornnelke

Kennzeichen
einjährige, 30–60 cm hohe Pflanze, Stängel weißfilzig und behaart

Blüte
einzeln stehende Blütenkörbchen mit tiefblauen äußeren Röhrenblüten, seltener rot oder weiß, mit fünf langen Zipfeln. Der Stempel lässt die ihn umgebenden Staubröhren vibrieren, sobald er von einem Insekt berührt wird, was eine erfolgreiche Bestäubung gewährleistet.

Blütezeit
Juni bis Oktober

Blätter
schmal lanzettlich, an der Unterseite wollig

Früchte
einsamige Schließfrüchte mit Haarschopf, sehen wie winzige Pinsel aus

Vorkommen
Äcker und Feldränder, in Österreich mittlerweile selten – die Kornblume mag kalkarme, leichte, mit Sand gemagerte Erde, die nicht zu nass gehalten wird

Erntezeit
Juni bis Oktober

Inhaltsstoffe
Bitterstoffe, Gerbstoffe, Anthocyane, Flavonglykoside, Salicylsäure, Salze. Die Kornblume wirkt positiv auf die Verdauungsorgane, adstringierend bei Akne, entzündungshemmend, unterstützend bei Bindehautentzündungen, appetitanregend und oft lindernd bei Kopfschmerzen und Fieber.

Der Bauer und sein Kind

Der Bauer steht vor seinem Feld
und zieht die Stirne kraus in Falten:
„Ich hab den Acker wohl bestellt
auf gute Aussaat streng gehalten,
nun sieh' mir eins das Unkraut an,
das hat der **böse Feind** *getan!"*

Da kommt sein Knabe hochbeglückt
mit bunten Blumen reich beladen,
im Felde hat er sie gepflückt,
Kornblumen sind es, Mohn und Raden.
Er jauchzt: „Sieh' Vater, nur die Pracht,
die hat der **liebe Gott** *gemacht!"*

Julius Sturm

So verschieden kann man es sehen, das „Unkraut". Bei uns sind die sogenannten „Hungerblumen" (sie waren für die Bauern nicht ertragsbringend, bedeuteten also Hunger) Klatschmohn und Kornblume heutzutage leider sehr selten geworden, denn Unkrautvernichtungsmittel und Veränderungen in der Landwirtschaft haben beinahe zum Verschwinden dieser Pflanzen geführt. Warum nehme ich sie dann in dieses Buch? Weil ich sie Ihnen ans Herz legen will. Etwas, das wir kennen und schätzen, sind wir auch bereit zu schützen.

Noch gibt es Samen von diesen Pflanzen. Säen Sie sie in einer Ecke des Gartens aus, auch ein großer Topf auf der Terrasse oder ein Blumenkisterl auf dem Balkon erfüllen ihren Zweck – bereitwillig nehmen die Blümchen die angebotene Zuflucht an. Dafür haben sie nichts dagegen, dass wir ihre Blüten nutzen, um Tee zuzubereiten oder um Salate oder Desserts zu schmücken und zu verfeinern. Die Pflanzen bilden über Monate hinweg immer wieder Blüten aus.

Fehlt Ihnen ausreichend Platz oder ein Garten, gibt es in manchen Bio-Läden oder Tee- und Gewürzfachgeschäften getrocknete Blüten zu kaufen. Die Blüten selbst so zu trocknen, dass sie das schöne Blau behalten, ist schwierig. Sie werden abgeschnitten, im Ganzen im Dörrapparat getrocknet und erst dann vom Kelch gezupft. Im Licht bleichen sie aber schnell aus, deshalb verwende ich die Blüten immer frisch.

Die gefüllten Züchtungen sind zwar hübsch, enttäuschen jedoch die Bienen und haben ihre Heilwirkung verloren. Zum Stichwort Bienen: Die intensiv blauen Blüten sind für die Bienen besonders verlockend,

der Zuckergehalt ist hoch und macht 34 Prozent des Nektars aus. Kornblumenhonig schmeckt aromatisch, feinherb und ist intensiv gelb.
Verwandte der blauen Schönen sind die Flockenblumen, etwa die Wiesen-Flockenblume (Centaurea jacea), die häufig auf Bergwiesen wächst und deren violette Blüten sich ebenfalls sehr hübsch im Salat machen.

Wie kann man die Kornblume als Heilmittel einsetzen? Schon im antiken Griechenland nutzte man die Pflanze, um die Wundheilung zu beschleunigen und Hildegard von Bingen empfahl sie mitunter gegen rote Augen.
Für einen Tee übergießt man 1–2 EL Blüten mit 250 ml heißem Wasser und lässt den Sud 10 Minuten ziehen. Damit tut man der Galle etwas Gutes. Teekompressen helfen bei geröteten Augen und geschwollenen Lidern; in Frankreich schätzt man das Augenwasser „Eau de casse-lunettes". Ein Fußbad mit Kornblumenkraut und Blüten, zweimal täglich angewandt, wirkt bei Ödemen. Im Badewasser lindert die Kornblume Hautjucken und als Gesichtswasser (abgekühlter Tee) hilft sie bei gereizter Haut. Wer eine Haarspülung für graue Haare sucht, wird bei regelmäßiger Anwendung mit Kornblumensud feststellen, dass dieser einen schönen bläulichen Schimmer verleiht. Dafür nimmt man eine große Handvoll Kornblumenblüten und kocht diese in 250 ml Wasser auf. Den Sud drei Stunden ziehen lassen, dann abseihen und kühlen.

Und was fängt man in der Küche mit Kornblumen an? Die jungen Blätter kommen in den Salat und frisch abgezupfte Blüten passen zu Risotto, über Salate und Suppen, in Gelee und Tee – nun ein paar Anregungen:

Gurkenkaltschale mit Kornblumen

Als Vorspeise oder mit gutem Roggenbrot auch als Hauptspeise ist diese Kaltschale im Sommer richtig erfrischend!

2 Gurken
500 g griechischer Joghurt oder Sahnejoghurt
1 TL Wildpflanzensirup (Minze, Strahlenlose Kamille, Schafgarbe – z.B. Rezept S. 162)
Saft einer halben Zitrone oder Himbeeressig
1 kleine Knoblauchzehe, geschält und fein gehackt
etwas frisch gemahlener Pfeffer oder fein gehackte Krenblüten
2 Zweige Dill, geschnitten
abgezupfte Kornblumenblüten

Die Gurken schälen, längs zweimal durchschneiden und den Kernteil mit einem Messer längs wegschneiden (die Flüssigkeit kann noch für Gesichtsmasken genutzt werden!). Dann in Stücke schneiden und mit den übrigen Zutaten im Standmixer kurz pürieren. Mit Dill und Blüten bestreuen und gut gekühlt servieren.

Erdbeerrisotto mit Kornblumenblüten

1 Schalotte, geschält und gehackt
15 g Butter
1 Tasse Risotto-Reis
300 ml Gemüsefond
30 g Parmesan, frisch gerieben
½ TL Salz
300 g Erdbeeren, geviertelt
abgezupfte Kornblumenblüten

Schalotte in Butter andünsten, Reis zugeben und 3 Minuten unter Rühren anbraten. Mit einer halben Tasse Fond ablöschen und die Flüssigkeit vollkommen verkochen lassen. Nach und nach unter Rühren eine Tasse Fond zugeben, bis die Flüssigkeit eingezogen ist. Konsistenz testen; die Reiskörner sollten außen cremig sein, innen aber unbedingt noch leichten Biss haben. Dann erst Salz und Parmesan einrühren und die Erdbeeren mit den Blüten dazugeben. Zwei Minuten durchziehen lassen und zum Abschluss abschmecken.

Couscous mit Gojibeeren und Kornblumenblüten

250 g Couscous
250 ml gut gewürzter Gemüsefond
Salz
2–3 EL Currymischung
1 EL Honig
40 g Butter
1 Handvoll Gojibeeren, ersatzweise Rosinen
abgezupfte Kornblumenblüten

Couscous in den kochenden Gemüsefond einrühren. Gojibeeren oder Rosinen, Currymischung und Honig dazugeben und zugedeckt etwa 30 Minuten ziehen lassen. Butter einrühren und gut abschmecken. Zuletzt die Kornblumenblüten unterrühren und einige Blüten überstreuen.
Mit Chutney oder einer anderen passenden Sauce servieren.

Zitronengelee mit Kornblumenblüten

500 ml frisch gepresster Zitronensaft
750 ml Wasser
2 kg Gelierzucker 1:1
Schale einer Bio-Zitrone
1 Handvoll Kornblumenblüten, abgezupft
kleine Gläser zum Befüllen

Die Kornblumenblüten auf die für das Gelee vorbereiteten Gläser aufteilen.
Die Zitrone heiß waschen und mit Küchenpapier abtrocknen, dann mit einer feinen Reibe abraspeln oder dünn schälen und die Schale in sehr feine Streifen schneiden.
Zitronensaft und -Schale, Wasser, und Gelierzucker miteinander verrühren und unter Rühren aufkochen. 6 Minuten sprudelnd kochen lassen, dann Gelierprobe machen. Dazu lässt man 1 TL der Masse auf einen kalten Unterteller tropfen – dieser sollte direkt nach dem Abkühlen gelieren, sonst noch weitere 1–2 Minuten kochen. Sofort in die vorbereiteten sauberen Gläser abfüllen, verschließen und die Gläser beim Festwerden des Gelees auf den Kopf stellen, damit sich die Blüten gut verteilen.

› Bild Seite 81

Kornblüten-Pralinchen

100 g Kokosflocken
200 g Topfen
3 EL Honig
Zimt
Vanille
zusätzlich Kokosflocken
gezupfte Kornblumenblüten

Alle Zutaten mischen und daraus rasch Kugeln formen – das geht sehr gut mit einem Parisienne- oder Kugelausstecher, sofern vorhanden. Die Kugeln nochmals in Kokosflocken und abgezupften Kornblumenblüten wälzen.

› Bild Seite 36

Kren

Botanischer Name
Armoracia rusticana

Synonyme
Meerrettich, Pfefferwurzel, Waldrettich

Kennzeichen
mehrjährige Pflanze mit aufrechtem, hohlem Stängel

Blüte
5–9 mm große weiße Kreuzblüten in Trauben

Blütezeit
Mai bis Juli

Blätter
die grundständigen Blätter sind auffällig groß und 20–100 cm lang, stumpf gezähnt, mit langen Stielen, dicklich, glänzend – die unteren Stängelblätter sind oft fiederspaltig, die oberen lanzettlich

Wurzel
fleischige, gelbliche Pfahlwurzel, innen weiß, mit kleinen Nebenwurzeln

Vorkommen
Felder, Straßenränder und Gräben, neben alten Bauernhäusern – die Pflanze gedeiht auf tiefgründigen, nährstoffreichen Böden

Erntezeit
junge Blätter von März bis Mai, Blüten von Juli bis August, Wurzeln in den Monaten mit „r" im Namen – dann besitzt der Kren die beste Schärfe

Inhaltsstoffe
Die Wurzel enthält ätherische Öle, Senföl und Senfölglykoside, Asparagin, Aminosäuren, Kalisalze, Calcium, Magnesium, die Vitamine B1 und C, Enzyme und flüchtige, antibiotische Substanzen

Der Kren ist ein ungestümer Kerl, der einem direkt ins Gesicht fährt – frisch gerieben, treibt er jedem die Tränen heraus. Ein Gewürz wie ein Orkan!

Trotzdem wird er geliebt. Sowohl seiner medizinischen Wirkung wegen als auch in der Küche. Man muss ihn eben kennen und in kleinen Dosen überlegt verwenden – die inneren Werte sind durchaus vorhanden, nur seine Umgangsformen sind rau.

Man könnte beinahe meinen, der Kren sei ein Allheilmittel: Er wird eingesetzt bei Bronchitis, Bronchialkatarrh und Husten, bei Ischias und Rheuma, gegen hohen Blutdruck, als Fußbad bei Frostbeulen, bei Muskelschmerzen, als Diuretikum, bei Harnwegsentzündungen und Blähungen sowie um den Stoffwechsel und die Durchblutung der Haut anzuregen. Bei Hepatitis A wirkt er als Tee getrunken unterstützend. Früher schnitt man Kren- und Liebstöcklwurzeln auf, ließ sie zehn Tage lang in Essig

ziehen und tupfte diese Tinktur auf Pigmentflecken auf. Inzwischen wird der Kren gar als „Penicillin aus dem Garten" bezeichnet, obwohl er schon längst über den Gartenzaun hinausgestürmt ist und heute auch manchmal inmitten von Wiesen und an Bachrändern wächst.
Diese geballte Kraft muss aber mit Umsicht angewendet werden. Den frischen Kren sollte man nicht direkt auf die Haut bringen, da er sonst reizend wirken kann, also für Umschläge und Wickel mit Topfen mischen und Schleimhäute sowie Augen schützen.

In der Küche muss der wilde Kerl ebenfalls mitunter etwas eingebremst werden – er wird für Zartbesaitete mit Obers, Äpfeln und gekochten Kartoffeln gemischt. Den Kren sollte man aber niemals länger kochen oder dick abschälen, um ihn zu entschärfen – denn zu zahm verliert er viel von seinem Charakter. Krenliebhaber essen die Wurzel ungeschält, nur gut unter fließendem Wasser gebürstet und selbstverständlich nicht gerieben, sondern „gerissen". Die Wurzel wird dabei genau senkrecht zur Reibfläche gehalten, damit die Fasern abgerissen werden, so wird genug von den scharfen Inhaltsstoffen freigesetzt. Beim Schneiden der Krenwurzel ist ein sonst unter Köchen verpöntes Porzellanmesser ausnahmsweise erlaubt, denn so verfärben sich die Scheiben nicht.

Klassisch wird der Kren in einer Sauce zum Tafelspitz verzehrt. Die Eiweißverdauung fördert er auch, deshalb isst man ihn oft zu fettem Fleisch, Würsten und Geselchtem. Meine Mutter legte früher die Essiggurken selbst ein, da waren ungeschälte, geputzte Scheiben vom Kren sehr wichtig. Interessanterweise hält Eingelegtes mit Kren deutlich besser. Auch rote Rüben verlangen nach der einzigartigen Schärfe der Wurzel. Im Frühling, wenn die Blätter noch ganz klein sind, passen sie in Streifen geschnitten gut in einen Wildpflanzensalat. Für einen harmonischen Ausgleich sollte man dann der Marinade aber etwas Honig oder Sirup beifügen.

Krenaufstrich

200 g Mayonnaise
3–4 EL frisch gerissener Kren
1 Karotte, geschält und fein gerieben
1 Scheibe Sellerie (3–4 cm dick), geschält und fein gerieben
1 EL Zitronensaft
Salz nach Geschmack
1 gestrichener TL Staubzucker
2–3 EL Sauerrahm

Alle Zutaten mischen und gut abschmecken. Der Aufstrich eignet sich gut für Canapés und Brot. Mit Joghurt verdünnt ist er auch als Dip zu Tempura (in Mehlteig herausgebackene Gemüse- oder Fleischstücke oder Meeresfrüchte) geeignet.

Kren-Pesto

3 Handvoll sehr junge Krenblätter, geschnitten
4 EL Petersilienblätter, grob geschnitten
Salz
Öl

Alle Zutaten im Mixer mit genug Öl kurz mixen, die Konsistenz sollte nicht zu fein werden. Abschmecken, in kleine Gläser füllen, mit Öl bedecken und verschließen. Gekühlt lagern und vor dem Genuss gehackte Haselnuss- oder Walnusskerne, trocken in einer Pfanne geröstet und abgekühlt, untermischen.

Wildkräutersalat mit Kren-Dressing

4 Handvoll junge Wildkräuter
1 kleiner Kopf Radicchio-Salat
1 Handvoll Walnusskerne
1 Becher Sauerrahm
2 EL Wasser
2 EL Rapsöl
Salz
brauner Zucker oder Wildkräutersirup
3 EL fein geriebener Kren

Die Wildkräuter nach Bedarf kleiner und den Radicchio in feine Streifen schneiden. Die Zutaten für das Dressing verquirlen und abschmecken. Salat mit dem Dressing marinieren und die Walnusskerne überstreuen.

Krenblättergemüse

Eine ungewöhnliche Beilage!

20–30 sehr junge Krenblätter
1 l Gemüsefond, etwas überwürzt
Meersalz
Olivenöl oder Rapsöl
1 EL Zitronensaft

Die Blätter in einer Schüssel mit dem kochenden Fond übergießen und zugedeckt einige Stunden lang ziehen lassen. Dann im heißen Öl anbraten und mit Salz und Zitronensaft abschmecken. Wer die asiatische Küche liebt, nimmt statt Salz und Zitronensaft 1 TL geröstetes Sesamöl und 1 TL Sojasauce zum Würzen.

Testarossa-Knödel mit Pilzfülle

2 kleine Rote Rüben, gekocht und püriert
Behalten Sie das Kochwasser am besten auf, um die Knödel später darin zu kochen – gibt eine schöne rote Farbe!
750 g gekochte, mehlige Erdäpfel, geschält und noch heiß gepresst
50 g Butter
2 Dotter
Salz
200 g griffiges Mehl

Füllung
200 g Pilze, geschnitten
1 kleine Zwiebel, gehackt
15–20 g Butter
etwas gehackte Petersilie
Salz, Pfeffer

Für den Knödelteig die Butter in die noch warmen Erdäpfel rühren und abkühlen lassen. Salz und Mehl unterbröseln, dann Dotter und die passierten Roten Rüben einarbeiten, rasch zu einem Teig verarbeiten.
Für die Fülle Zwiebel und Pilze in Butter anbraten, Petersilie, Salz und Pfeffer zugeben und abschmecken.
Die Knödel mit den gebratenen Pilzen füllen.
Hält die Masse nicht gut zusammen, kann man sie mit Bröseln etwas binden. Es gibt aber noch einen Trick, der das Füllen erleichtert: Die Füllung portionieren und als kleine Kugeln anfrieren lassen, so kann man sich voll und ganz auf das Rollen der Knödel konzentrieren.
Die rund geformten Knödel in Salzwasser (noch besser im Kochwasser der Roten Rüben) ca. 15 Minuten köcheln.

Die Testarossa-Knödel werden mit Schafgarben-Tempura (Rezept S. 147) und Kren-Dip (Krenaufstrich verdünnt mit Joghurt) serviert. Dazu schmeckt auch etwas Kren-Pesto besonders gut!

Testarossa-Knödel mit Schafgarben-Tempura (Rezept S. 147), Kren-Dip und Krenblätter-Pesto (Rezept S. 108)

Malve

Die Familie der Malvengewächse ist groß – anbei einige der bekannteren Arten:

Botanischer Name
Eibisch (Althaea officinalis)
Wilde Malve (Malva sylvestris)
Weg-Malve (Malva neglecta)
Stockrose (Alcea rosea)

Synonyme
Eibisch: Sammetpappel, Heilwurz, Echter Eibisch, Weiße Malve

Wilde Malve: Große Käsepappel, Feldmalve, Hanfpappel, Halskraut

Weg-Malve: Kaspapperln, kleine Käsepappel

Stockrose: Bauerneibisch, Stockmalve, Pappelrose

Kennzeichen
alle Malven haben trichterförmige Blüten, die Früchte enthalten Schleimstoffe

Blüte
je nach Art violett, weiß, rosa, lila, weinrot und weiß/lila, die einzelnen Kronblätter sind immer heller als die verästelten Blattadern, die das Blütenblatt durchziehen – die Blüten sehen deshalb fast bemalt aus. In der Mitte der Blüte stehen die miteinander verwachsenen Staubgefäße wie ein Bäumchen. Die fünf Kronblätter sind länger als der Kelch, vorne leicht eingebuchtet (herzförmig) und in der Knospe gedreht

Blütezeit
Mai bis Oktober, Eibischblüten von Juli bis September

Blätter
je nach Art weich behaart oder glatt, schwach fünf- bis siebenlappig, unten rundlich oder nierenförmig, weiter oben am Stängel geschlitzt – der Stängel ist meistens behaart, bei der Weg-Malve aber fast glatt

Früchte
scheibenförmig, reif in meistens zehn nierenförmige, einsamige Abschnitte zerfallend, in der Mitte eingefallen

Vorkommen
Gärten, Weg- und Ackerränder, Zäune, Hecken und Mauern

Erntezeit
Wurzeln im Herbst, Blätter vor der Blüte, Malvenblüten von Mai bis Oktober, Eibischblüten von Juli bis September, Früchte von Juni bis Oktober bzw. teils gleichzeitig mit den Blüten

Inhaltsstoffe
Proteine, Schleimstoffe, Vitamin C, Flavonoide, Mineralstoffe, Kaffeesäure, Chlorogensäure, Malvin und Zucker

Es gibt zahlreiche Malvengewächse. Sie alle sind essbar und heilkräftig, am meisten aber der Eibisch. Blätter, Früchte und Wurzeln enthalten Schleimstoffe, die medizinisch eingesetzt werden und auch kulinarisch ihre Reize haben. Die Stockrose ist mit fast drei Metern Höhe die größte einheimische Vertreterin der Malvengewächse, meistens findet man sie in Bauerngärten, manchmal aber auch verwildert. Der Dichterfürst und Blumenliebhaber Goethe feierte die wunderschöne Blüte seiner Stockrosen stets mit einer Teegesellschaft – eine Einladung, die von seinen Gästen gerne angenommen wurde.
Die wilde Malve findet man öfters bei Spaziergängen, besonders in wärmeren Gegenden. Rund um alte Bauernhäuser wächst auch gerne die Weg-Malve.

Der beste Heiler in der Familie ist, wie bereits erwähnt, der Eibisch. Er wächst bis zu eineinhalb Meter hoch und ist samtig behaart, die trichterförmigen, weißen, lila oder hellrosa Blüten stehen in büscheligen Trauben. Seinen Wurzeln verdanken wir Marshmallows, „Mäusespeck“ und die liebgewonnenen altmodischen Eibischzuckerl, die es in der Apotheke zu kaufen gibt. Leider werden Marshmallows heutzutage aus Kostengründen nicht mehr mit Eibischwurzeln, sondern mit Gelatine hergestellt, wodurch natürlich der gesunde Mehrwert verloren geht.

Die Wurzeln sind der wertvollste Teil der Pflanze und enthalten die höchste Konzentration an Wirkstoffen. Sie werden erst im zweiten Jahr im Spätherbst ausgegraben, geputzt und zu Spänen zerkleinert, schnell getrocknet und luftdicht aufbewahrt.
Für einen Kaltauszug setzt man 1–2 gehäufte TL der frischen Wurzel mit kaltem Wasser an und lässt alles eine gute Stunde stehen, bei getrockneten Wurzeln entsprechend länger. Ab und zu umrühren und dann abseihen. Kalt oder leicht erwärmt dreimal täglich getrunken hilft der Auszug bei Heiserkeit, Halsschmerzen, Husten oder Kratzen im Hals, bei Blasenentzündung, Schleimhautentzündung und Magen-Darm-Beschwerden. Die Schleimstoffe bilden

einen schützenden Film, der lindert und beruhigt.
Auch die Blüten oder Blätter können medizinisch verwendet werden. Bei vielen Hautproblemen helfen Bäder, Umschläge oder Salben mit Eibisch. Kleine Kinder bekamen früher die getrocknete Wurzel zum Beißen um das Zahnen zu erleichtern, denn der Eibisch hat eine abschwellende und erweichende Wirkung. Die anderen Mitglieder der Malvenfamilie, ob groß oder klein, können ebenso eingesetzt werden wie der Eibisch.
Getrocknete und zerkleinerte Eibischwurzeln sind in der Apotheke erhältlich, wenn Sie die hübschen Blumen nicht zu sehr dezimieren wollen. Die mehrjährige Pflanze ist aber auch dankbar für ein Plätzchen im Garten und liebt Sonne, tiefgründigen, guten Boden und regelmäßiges Gießen. Am besten wächst sie in Gesellschaft der Familie, die reif gesammelten Samen sollte man also zu dritt oder zu viert im Umkreis setzen.

Im Mittelalter aß man die frischen Wurzeln gekocht oder gebraten, allerdings galt der „Eibischschleim" wegen seines dürftig würzigen Geschmacks als fad und wurde eher als Stärkelieferant in Notzeiten herangezogen.
Ich kann nie an Malven vorbei gehen, ohne wenigstens ein paar der kleinen „Kaspapperln" aus den Kelchblättern zu holen und roh zu essen. Zu entzückend ist die Form dieser Früchtchen. Im grünen Zustand lege ich sie gern in kleinen Gläschen als Kapern ein, sie machen sich so gut auf Salaten, zu Vorspeisen und Canapés.

Eibisch-Hustensirup

4 Handvoll Eibischwurzeln, zerkleinert (frisch oder getrocknet)
1 l Wasser
500 g brauner Zucker

Wurzeln und Wasser zum Kochen bringen und 10 Minuten ziehen lassen. Dann den Zucker hinzufügen und köcheln, bis Sirupdicke erreicht ist. Löffelweise nimmt man den Eibischsirup bei Hustenreiz oder Halsschmerzen, aber auch im Tee ist er heute noch beliebt. Gekühlt ein halbes Jahr lang haltbar.

› Bild Seite 81

Malven-Öl

60 g getrocknete Malvenblüten
500 ml Sonnenblumenöl

Die Blüten klein schneiden, in ein Glas stopfen, mit Öl übergießen und verschließen. Bei Raumtemperatur 5 bis 6 Wochen ziehen lassen und dabei öfters schütteln.
Dann abseihen, dunkel und kühl aufbewahren. Das Öl lindert Juckreiz bei Insektenstichen, pflegt die Hände und hilft bei rauer Haut.

Malvensuppe

1 ½ l Gemüsefond
750 g frische Malvenblätter
3 Knoblauchzehen
3 EL Öl
1 EL Koriander, gemahlen
Pfeffer und Salz

Gemüsefond aufkochen, die Malvenblätter mit 500 ml Fond pürieren und in den verbleibenden Fond einrühren. 3 Knoblauchzehen hacken und in 3 EL Öl anschwitzen, dann in die Suppe rühren. Koriander, Pfeffer und Salz dazugeben und alles etwa 3 Minuten köcheln lassen. Die Suppe wird durch die Malvenblätter eingedickt.

Gebackene Malvenblätter

25 schöne Malvenblätter
130 g Mehl
250 ml Milch
1 Ei, getrennt
Salz, geriebene Muskatnuss

Mehl, Milch, Dotter, Salz und Muskat zu einem dickflüssigen Teig verrühren. Das Eiklar zu Schnee schlagen und unterziehen. Die Blätter in den Teig tauchen und frittieren. Dazu passt eine fruchtige Sauce oder ein Wildpflanzen-Dip.

› Bild Seite 19

Geröstete Malvenfrüchte

100 g grüne Wegmalven-Früchte
1 TL Butter
Zimt, Zucker

Die Früchte einige Minuten in heißer Butter rösten, mit Zimt und Zucker würzen und frisch genießen.

Malvenblüten-Pralinen

1 Handvoll frische Malvenblüten
1 Handvoll Feinkristallzucker
etwas Vanille

Alle Zutaten mörsern oder fein mixen. Die Konsistenz sollte so sein, dass die Masse zusammenhält und sich zu Kugeln rollen lässt. Das gelingt gut durch die in den Blüten enthaltenen Schleimstoffe. Die Kugeln in Feinkristallzucker wälzen und in kleine Pralinenkapseln (Papierschüsselchen, die man im Supermarkt in der Backabteilung erhält) setzen. Wer möchte, kann mit einem Löffel flüssige weiße Schokolade in dünnen Linien über die Pralinen ziehen.

Eibisch-Zuckerl

3 EL getrocknete Eibischwurzel, in kleinen Stückchen
250 ml kalter Malven- oder Hagebuttentee
10 EL Traganth (ein pflanzliches Bindemittel, in der Apotheke erhältlich)
12 EL Rohrzucker
1 Eiklar, verquirlt

Die Wurzelstücke eine Stunde im Tee einweichen, dann alles erhitzen, 20 Minuten köcheln lassen und abseihen. Das Bindemittel in die noch warme Flüssigkeit einrühren, erneut abseihen und den Zucker gut darin auflösen. Jetzt das Eiklar dazugeben. Die Masse kräftig mischen, dann auf eine Backmatte oder auf ein Blech, das zuerst eingeölt und dann mit einer Mischung aus Stärkemehl und Staubzucker bestäubt wurde, streichen und auskühlen lassen. In Würfelchen geschnitten und etwas getrocknet in einem Glas aufbewahren, so halten sich die Zuckerl einige Monate.

Melde

Eines gleich vorweg: Auch bei der Melde gibt es zahlreiche Arten, diese sind sich teils sehr ähnlich und Verwechslungen sind kein Malheur. Die Melde zählt zu den Gänsefußgewächsen (Chenopodiaceae) bzw. zu der Familie der Fuchsschwanzgewächse (Amaranthaceae). Machen wir es uns also bequem und fassen wir einige bekannte Vertreter zusammen.

Botanischer Name

Spießblättrige Melde (Atriplex prostrata)
Spreizende Melde (Atriplex patula)
Weißer Gänsefuß (Chenopodium album)
Guter Heinrich (Chenopodium bonus-henricus)

Weitere Verwandte der wilden Spinatpflanzen: Rote Rüben, Mangold, Erdbeer- und Gartenspinat, sowie Runkelrübe und Zuckerrübe – im Reformhaus beliebt ist vor allem die aus Peru stammende Reismelde, besser bekannt als Quinoa.

Synonyme

Spießblättrige Melde: Spießmelde

Spreizende Melde: Gewöhnliche Melde

Weißer Gänsefuß: Moltn, Weiße Melde, Mehlkraut, Wilder Spinat

Guter Heinrich: Wilder Spinat, Wilder Heinrich, Stolzer Heinrich

Kennzeichen

bis zu 150 cm hohe Pionierpflanzen mit „mehligen" Blättern

Stängel

bis eineinhalb Meter hoch, verzweigt, stumpfkantig mit weißen Längsstreifen; beim Guten Heinrich grün und bräunlich-rot gerieft

Blüte

winzig, knäuelig angeordnet, unauffällig grünlich, drei- bis fünfzipfelig, in den Blattachsen und als endständige Rispe – Bestäubung und Verbreitung erledigt der Wind, das erklärt die Unauffälligkeit und den fehlenden Duft der Blüten

Blätter

lang gestielt, dreieckig bis spießförmig, fleischig zart, wenig gezähnt, teils rötlich – helle, „mehlig" aussehende Blattunterseite, teils auch auf der (sonst dunkelgrünen) Oberseite.

Früchte

teils mit winzigen Blättchen als Flügel (zur Windverbreitung)

Vorkommen

Schuttplätze, Flussufer, Äcker, Weinberge, Lehmböden, Strand

Erntezeit

Frühling und Sommer

Inhaltsstoffe

Magnesium, Eisen, Phosphor, Kalium und andere Mineralsalze, Proteine, Vitamin C, Calcium und Saponine (wirken blutreinigend und verdauungsfördernd)
Bei übermäßigem Konsum der Blätter kann die enthaltene Oxalsäure mitunter Probleme verursachen – aber außer Popeye kenne ich niemanden, der wirklich jeden Tag Spinat isst!

„Wer Melden kennt, kann nicht verhungern." – es ist was dran an dieser Aussage. Melden wachsen sogar auf trockenen Böden und zwar in großer Menge. Ihr Verwandter, der Weiße Gänsefuß, ist ebenfalls nicht verwöhnt, aber sehr fruchtbar, wenn er gut gedüngten Boden besiedeln darf. Die Samen behalten ihre Keimfähigkeit bis zu mehreren Jahrhunderten! Und da jede Pflanze Tausende von Samen bilden kann, ist der Fortbestand wohl gesichert.

Bis auf wenige Ausnahmen – die Unechte Melde (Chenopodium hybridum) und die Stinkende Melde (Chenopodium vulvaria) – schmecken die zartfleischigen, dunkelgrünen Blätter der Melden sehr gut. Die beiden schwarzen Schafe verraten sich aber selbst, indem sie unangenehm „fischeln".

Die Samen der Melde wurden im Mittelalter getrocknet, gemahlen und wie Mehl verwendet. Sie

eigneten sich so sogar zum Backen oder Grütze kochen. Die Pfahlwurzeln vom Guten Heinrich werden in orientalischen Ländern zu Konfekt verarbeitet. Seine jungen Blätter eignen sich außerdem für viele Füllungen, für Lasagne sowie Nudelgerichte und können selbst richtige Feinschmecker entzücken. Die jungen Pflanzen im Frühling können im zarten Zustand teils ganz wie Spargel verwendet werden, danach nimmt man nur die Blätter und Blattspitzen ohne Stängel. Man muss allerdings eine ganze Menge sammeln, weil die Blätter wegen ihrer Zartheit sehr schnell welken und stark zusammenfallen. Je nach Bodenbeschaffenheit und Pflückzeit können sie mild oder etwas bitter schmecken – zum Entbittern kann man die Blätter einfach einige Minuten in kaltes Wasser legen. Die häufigste Art der Zubereitung ist als Spinat. Die Blätter der Strandmelde, die in Meeresnähe wächst, schmecken salzig, weil die Pflanze das Salz vom Boden aufnimmt. Da spart man sich sogar das Würzen!

Milchsauer vergorenes Melden-Sauerkraut

1 kg Blätter von Melde oder Gutem Heinrich
4 säuerliche Äpfel, geschält, feinblättrig geschnitten
50 g Meersalz
10 Wacholderbeeren
1 TL Kümmel
5 Lorbeerblätter
200 ml Sauerkrautsaft
1 großer Steinguttopf, der zu zwei Dritteln gefüllt wird
dazu ein Deckel, der genau in (!) den Topf passt

Eine dünne Schicht Blätter in den Topf einlegen, dann Apfelscheiben, etwas Salz und Gewürze. Mit einem Stampfer feststampfen. Eine weitere gleich aufgereihte Schicht einlegen, gut feststampfen, sodass keine Hohlräume entstehen. Nun einen Teil des Sauerkrautsafts über das Gemüse gießen. Weiter schichten, bis die Zutaten aufgebraucht sind. Die oberste Schicht bilden Blätter, die mit einem sauberen Leinentuch abgedeckt werden. Der Deckel soll genau in den Topf passen und wird mit einem sauberen Stein beschwert, sodass keine Luft dazu kommt. Bei Raumtemperatur lagern. Nach ca. drei Wochen steigt eine schaumige, braune Flüssigkeit über den Deckel. Diese sorgfältig abschöpfen und alle Flüssigkeitsreste abtupfen. Erst dann den Deckel öffnen. Das saure Gemüse gleichmäßig entnehmen, damit der Deckel wieder gut abdichtet und keine Hohlräume entstehen. Wirkt das Gemüse trocken, einfach etwas Salzlake darübergießen. Kühl und dunkel lagern.

Melden- oder Gänsefußkeimlinge

Eine wertvolle Vitaminbombe für die kalte Jahreszeit: Sammeln Sie im September die reifen, schwarzen Samen von Melde und Gänsefuß und lassen Sie sie im Winter keimen.
Das Sammeln klappt am besten, wenn man die abgeschnittenen Stiele kopfüber in einen Papiersack schüttelt. Die Samen dann auf einem Tablett trocknen lassen und trocken aufbewahren. Zum Keimen ein Blatt Küchenpapier auf einen Teller legen und mit Wasser befeuchten. 2 EL der Samen aufstreuen und immer leicht feucht halten. Bei Raumtemperatur keimen lassen und frisch genießen!

Gänsefuß- oder Meldensalat

40 g junge Blätter von Melde oder Gänsefuß
3 EL Haselnuss- oder Sonnenblumenkerne
2 EL Butter

Marinade
4 EL Oliven- oder Nussöl
3 EL Balsamico oder Weißweinessig
2 EL Wasser
1 Prise Zucker
Salz

Marinade verrühren und über die Melde- oder Gänsefußblätter träufeln. Die Nüsse gegebenenfalls in Scheibchen schneiden, dann in einer Pfanne mit heißer Butter kurz rösten und über den Salat streuen.

Gänsefuß-Auflauf

80 g Butter
600 g Gänsefußblätter, gehackt
2 Eier
100 ml Milch
1 TL Salz
½ TL Backpulver
Muskatnuss, gerieben
200 g Blauschimmelkäse oder Camenbert
150 g Bergkäse

Backrohr auf 175 °C vorheizen.
Butter in einer Souffléform zerrinnen lassen und die Form mit einem Backpinsel ausstreichen. Eier, Milch, Salz, Backpulver und Muskat gut mischen. Die Form mit der Hälfte der gehackten Blätter auslegen, den Blauschimmelkäse darüber zerkrümeln und mit den restlichen Blättern bedecken.
Die Hälfte der Ei-Mischung angießen, den Bergkäse überstreuen und mit der restlichen Ei-Mischung abschließen. 35–40 Minuten backen. Dazu Preiselbeersauce (Rezept S. 136) servieren.

Gefüllte Panzerotti

Panzerotti-Masse
500 g mehlige Kartoffeln
40 g Maisstärke
110 g griffiges Mehl
2 Dotter
Salz, Muskatnuss

Füllung
200 g junge Blätter von der Melde
3 EL Butter
2–3 Schalotten, gehackt
150 g Räuchertofu, in kleine Würfelchen geschnitten
20 g Mehl
65 ml Gemüsefond
3 EL Petersilie oder junger Giersch, gehackt
1 Knoblauchzehe, fein gehackt
Salz
Brösel

Für den Panzerotti-Teig Kartoffeln kochen, schälen, pressen und auskühlen lassen. Die trockenen Zutaten mischen und einarbeiten, zuletzt kurz die Dotter untermischen. Kühlstellen.

Für die Füllung die Meldenblätter in kochendem Salzwasser blanchieren, abseihen und pürieren. Schalotten in heißer Butter anbraten, Tofu dazugeben und kurz mitbraten. Mit Mehl stauben, kurz durchrösten und mit Fond aufgießen. Dann mit Salz, Petersilie und Knoblauch würzen, kurz aufkochen lassen und zusammen mit den pürierten Meldenblättern eindicken. Gut abschmecken.

Die Teigmasse auf einem bemehlten Brett etwa 5 mm dick auswalken und Kreise mit 7–8 cm Durchmesser ausstechen. Mit der Meldenmasse füllen und zusammenklappen, dabei den Rand festpressen (optimal: wie Kärntner Nudeln krendeln). In sanft sprudelndem Salzwasser einige Minuten köcheln und mit brauner Butter servieren.

Gefüllte Panzerotti mit Meldenspinat, brauner Butter und gerösteten Springkrautsamen

Nachtkerze

Botanischer Name
Oenothera biennis

Synonyme
Schlafende Jungfrau, Faules Mädchen, Nachtlicht, Rapontika, Spanische Rapunzel, Nachthimmelsschlüssel, Schinkenwurzel, Eisenbahnerblume, Antoniusblume, Achtuhrblume, Täglichneu, Donnerkerze

Kennzeichen
je nach Art 50–150 cm hohe Pflanze mit großen, gelben Blüten

Stängel
dicht drüsenhaarig (fein behaart, fast klebrig), aufrecht, verzweigt sich erst ganz oben

Blüte
die Blüten sind auffällig neongelb und sitzen in den Achsen der obersten Blätter: vier herzförmige Kronblätter und vier zurückgeschlagene Kelchblätter, die Blütenknospen sind rötlichgrün, gedreht und länglich-spitz

Blütezeit
Juli bis September

Blätter
im ersten Jahr rötlichgrüne Blätter, die ganz nah am Boden rosettenartig angeordnet und drei- bis sechsmal so lang wie breit sind; im zweiten Jahr sind die Blätter länglich-spitz und sitzen bis oben am Blütenstängel

Früchte
bis 3 cm lange Kapselfrüchte mit zahlreichen winzigen Samenkörnchen

Wurzel
weißliche, teils rosa gefärbte Pfahlwurzel mit kleinen Seitenwurzeln

Vorkommen
Bahndämme, Flussufer, Schuttabladeplätze, Böschungen, neben Gärten – die Pflanze wächst vor allem an warmen und sandigen Stellen

Erntezeit
Wurzel nur im ersten Jahr (am besten im Herbst, bevor der Blütenstängel austreibt), Blätter und Knospen vor der Blüte bzw. Knospen von Juli bis August, ausgereifte Samen nach der Blüte von September bis Oktober

Inhaltsstoffe
Vitamin E, Flavonoide, Schleimstoffe, Gerbstoffe, Phytosterole, Oenotherin, Phosphor, Eisen, Magnesium, Mangan, Tannin
In den 1980er-Jahren entdeckten Forscher, dass das Öl aus den Samen wichtige, mehrfach ungesättigte Fettsäuren enthält, davon allein 10 Prozent Gamma-Linolensäure. Diese ist eine Vorstufe des Gewebehormons Prostaglandin, das auch in der Muttermilch enthalten ist.

Wenn eine Pflanze so viele Namen hat, kann man davon ausgehen, dass sie sehr bekannt oder sehr interessant ist.

Die Nachtkerze gehört definitiv zu diesen grünen „Prominenten“. Aus Nordamerika kam sie zu uns und machte schnell Karriere, aufgrund ihres Aussehens und einiger ihrer Eigenschaften.

Langbeinig, hoch gewachsen und mit attraktiven, auffälligen Blüten macht sie die Nacht zum Tag und das mit einem Knalleffekt. Das hört sich etwas oberflächlich an, nicht wahr?

Aber zu ihrer Ehrenrettung – dieses kapriziöse Geschöpf besitzt durchaus auch innere Werte: Nach der Blüte zeigt sich ungeahnter Reichtum. Der Stängel ist dann ab der Mitte voller länglicher Samenkapseln, angefüllt mit zwar winzigen, aber medizinisch sehr wertvollen Samenkörnern, die bei Reife leicht geerntet werden können. Die Kapseln öffnen sich oben und werden wie kleine Krüge einfach umgeleert und ausgeschüttet. Diese Körnchen kann man einfach beim Wandern naschen, im Winter keimen lassen, mörsern oder zu Öl pressen. Nachtkerzenöl wurde schon von den Indianerstämmen in Nordamerika bei Hauterkrankungen und Wunden verwendet. Durch die enthaltene Gamma-Linolensäure unterstützt das Öl den Stoffwechsel reifer Haut und findet sich heute deshalb oft in hochpreisigen Anti-Aging-Kosmetikprodukten. Es wird auch in Kapseln verkauft und wirkt bei PMS und diversen Hauterkrankungen wie endogenen Ekzemen, Neurodermitis und Sklerodermie, unterstützt aber auch das Immunsystem.

Die Indianer kochten das Kraut außerdem als Gemüse, aßen die jungen Wurzeln und bereiteten Hustentee aus den Blättern. Die Wurzeln Jahr wurden bei uns wie Schwarzwurzeln gekocht oder gedünstet, mariniert und als „Schinkensalat“ gegessen.

Sowohl die Gewöhnliche Nachtkerze als auch die kleinblütigen Arten können verwendet werden. Wichtig für den kulinarischen Einsatz ist der jeweils richtige Zeitpunkt. Da die Pflanze zweijährig ist, müssen Sie darauf achten, nur einjährige Wurzeln zu ernten. Da hilft nur Beobachten. Doch die Nachtkerze blüht ohnedies so schön, dass man sie eigentlich wieder vermehrt in die Gärten holen sollte – dann können Sie das spektakuläre Aufblühen der Pflanze „live“ miterleben. Wie einige ihrer Namen schon andeuten, blüht die Nachtkerze erst kurz nach Sonnenuntergang auf und verblüht dann nach 24 Stunden. Es ist wie bei Naturfilmen, in denen ein Zeitraffer-Effekt eingesetzt wird: Innerhalb von drei Minuten drehen sich die vier zusammengefalteten Kronblätter auf und die neongelbe Blüte steht offen. Dazu kommt noch der Duft, der die Nachtfalter anlockt. Ein faszinierendes Schauspiel!

Die Blüten lassen sich als essbare Dekoration verwenden, man kann sie für Desserts verzuckern oder für Tee trocknen. Die jungen Blätter vor der Blüte schmecken nussig und sollten nur ganz kurz gedünstet werden. Die noch nicht aufgeblühten Knospen machen sich eingelegt gut auf kalten Platten oder in Salaten. Wie es bei Wildpflanzen öfters der Fall ist, hängt es vom Boden ab, ob sie bitterer oder milder schmecken.

Eingelegte Blütenknospen

einige Handvoll der länglichen Blütenknospen

Gewürzessig
1 l Wasser
300 ml Weißweinessig
Salz, Zucker
Lorbeerblätter, Pfefferkörner, Muskatblüte, Pimentkörner, ein Zweig Thymian und Rosmarin

Wasser und Essig aufkochen, die Gewürze dazugeben und 30 Minuten köcheln. Den Sud mit den Gewürzen abkühlen lassen.
Im Kühlschrank hält dieser Gewürzessig monatelang und kann zum Einlegen von allen essbaren Knospen verwendet werden.
Die Knospen mit Gewürzessig aufkochen und heiß in Gläser füllen. Mit heißem Essig bedecken und gut verschließen. Gekühlt ein Jahr haltbar.

Frittierte Nachtkerzenblüten

Nachtkerzenblüten in Backteig (Rezept S. 200) tauchen und frittieren. Salzen.
Lässt sich gut zu pikanten Speisen kombinieren.

Süße Variante
Eiklar mit etwas Feinkristallzucker steif schlagen, Blüten eintauchen und frittieren. Zum Abschluss mit Staubzucker und Zimt bestreuen.

Nachtkerzen-Wurzelgemüse

4 Handvoll Nachtkerzenwurzeln
Saft einer Zitrone
65 ml Wasser
15 g Butter
65 ml Obers
Salz, Pfeffer

Wurzeln waschen und Schale abschaben. Nun in Zitronenwasser tauchen, sonst werden die Wurzeln dunkel. Dann in Salzwasser bissfest kochen und in Scheiben schneiden. In zerlassener Butter bräunen, Obers dazugeben und würzen.

Schinkenwurz-Salat

Die Wurzeln wie im obigen Rezept vorbereiten, aber nach dem Garen mit Essig, Öl, Salz, etwas Zucker oder Sirup und Pfeffer nach Geschmack marinieren.

Schinkenwurz-Salat mit Kräuterbrötchen (Rezept S. 146)
und Blütenbutter (Rezept S. 199)

Preiselbeere

Botanischer Name
Vaccinium vitis-idaea

Synonyme
Grantn, Granggn, Kronsbeere, Riffelbeere

Kennzeichen
6–15 cm hohes, immergrünes Heidekrautgewächs mit holzigem Stängel, immergrüner Zwergstrauch

Blüte
weiße oder rosig angehauchte hängende Glöckchen in kurzen, hängenden Trauben, bis zur Hälfte vierteilig

Blütezeit
Mai

Blätter
1–3 cm lang, ledrig, derb, oval, mit eingerolltem oder verdicktem Rand, Oberseite glänzend dunkelgrün, Unterseite durch braune Drüsenhärchen punktiert

Früchte
rot, an der vertieften Spitze findet sich ein Krönchen aus dem Rest des vierteiligen Kelchs

Vorkommen
Fichten- und Föhrenwälder, Bergheiden, unter alpinen Büschen, sonnige Hänge – häufig in größeren Gruppen; die Pflanze mag saure, nährstoffarme Böden

Erntezeit
August und September

Inhaltsstoffe
Anthocyane, organische Säuren, Gerbstoffe, Glykoside, Mineralstoffe wie Kalium, Calcium, Magnesium und Phosphor, Vitamin C (10–20 mg pro 100 g Frucht!), Provitamin A, Pektin

An der Preiselbeere scheiden sich die Geister. Die einen lieben die herbfruchtige Säure, die anderen beschreiben die Beeren als roh nicht genießbar. Die kärntnerische Bezeichnung „Grantn" verrät etwas über den Geschmack der frischen, roten Kugeln: Wer grantig ausschaut, macht ein säuerliches Gesicht. Aber der Geschmack der Preiselbeere ist durchaus vielschichtiger und nicht nur sauer. Bleiben die Beeren länger am Strauch und bekommen etwas von den ersten Nachtfrösten ab, werden sie glasig lila bis weinrot. Der Geschmack wird dann spritziger, frecher und etwas süßlicher, das Innere der Beeren wird flüssig.

Die Preiselbeere ist nichts für Leute, die es mild und süßlich mögen. Aber wenn man als Koch einen Akzent zu Süßem setzen will oder starke Kontraste benötigt, dann ist diese herbe Almbewohnerin goldrichtig!
Auch ihr Äußeres ist liebenswert. Pralle, knallrote Kugeln, oft mit weißem Bäuchlein, rotten sich eng auf einem Ästchen zusammen und bilden einen sehr schönen farblichen Gegensatz zu den kräftig dunkelgrünen Blättern. Verwechseln könnte man die Preiselbeere eventuell mit der geschützten Bärentraube, die ähnliche Eigenschaften besitzt. Aber die Preiselbeere hat Blätter mit gerolltem Rand und

Punkten auf der Unterseite. Die Blätter der Bärentraube haben dahingegen einen glatten Rand und keine Punkte. Ihre Beeren sind im Gegensatz zur Preiselbeere ohne Krönchen und im Geschmack mehlig-fad.

Und die Wirkung? Meine Mutter versorgte uns bei Verkühlungen sofort mit Preiselbeersaft, denn die Beeren enthalten große Mengen an Vitamin C. Ein Kompott aus den Beeren regt den Appetit an. Die Preiselbeeren sollen auch bei Gicht und Rheuma helfen. Bei Blasenentzündungen verhindert das in den Blättern enthaltene Arbutin, das Anhaften von Bakterien in den Harnwegen.
Für einen Tee werden 8 g getrocknete Blätter und Beeren gemischt in 250 ml Wasser aufgekocht. 15 Minuten zugedeckt ganz leicht köcheln lassen und während 10 Tagen (nicht länger) täglich zwei Tassen trinken.
Preiselbeeren sind aufgrund ihres Pektin- und Benzoesäuregehalts so haltbar, dass sie ohne Zucker eingekocht werden können. Sie sind also eine gute Zutat für Mischmarmeladen und geben diesen außerdem zusätzlich Frische und Spritzigkeit. Klassischerweise wird die Preiselbeere bei uns zu Fleischspeisen serviert – ein Sorbet oder Wildbeerkompott mit den Beeren schmeckt aber auch zu vielen anderen Komponenten und passt beispielsweise sehr gut zu gebackenem Käse.

Kastanienbraten mit Preiselbeersauce

Kastanienbraten

1 Zwiebel, gehackt
2 Stangen Sellerie, fein geschnitten
1 Knoblauchzehe, fein gehackt
25 g Butter
750 g gekochte Edel-Kastanien, zerdrückt oder gemixt
2 EL Petersilie, gehackt
½ TL Pfeffer, frisch gemahlen
1 TL Salz
1 TL Thymianblättchen, abgezupft
einige EL Brösel zum Binden
2 EL Zitronensaft
4–5 EL Öl zum Beträufeln
bei Bedarf 65 ml Wasser

Preiselbeersauce

200 g Preiselbeeren, geputzt
80 g Zucker
130 ml Traubensaft oder Früchtetee
1 Zitrone, Saft und abgeriebene Schale
1 Prise Kardamom oder Zimt

Für den Kastanienbraten Zwiebeln, Sellerie und Knoblauch 10 Minuten in der Butter dünsten. Die restlichen Zutaten zusammenmischen und dazugeben. Abschmecken und in einer befetteten Form bei 200 °C (nicht Umluft!) etwa 45 Minuten backen, ab und zu etwas Öl überträufeln.

Für die Preiselbeersauce erst den Zucker karamellisieren lassen und dann mit der Flüssigkeit aufgießen. Preiselbeeren, Gewürze und Zitronensaft hinzufügen und unter Rühren bis zur gewünschten Konsistenz leicht köcheln.

› Bild Seite 81

Kastanienbraten mit Preiselbeersauce auf gebratenen Birnenscheiben, dazu Brombeerspießchen mit Mozzarella und Basilikum (Rezept S. 12)

Preiselbeer-Chutney

500 g Preiselbeeren
400 g Orangen, geschält (alles Weiße entfernt) und in Würfel geschnitten
2 Äpfel, geschält und gewürfelt
200 g brauner Zucker
100 ml Weißweinessig
150 ml Wasser
Nelkenpulver
2 Zimtstangen
Chili nach Geschmack

Alle Zutaten miteinander vermengen und gut 15 Minuten lang kochen, dann die Zimtstangen entfernen und das Chutney in saubere Gläser abfüllen. Trocken und kühl aufbewahrt hält das Chutney ein bis zwei Jahre.

Trollkrem

Ein Dessert aus dem hohen Norden!

Preiselbeeren
Eiklar
Staubzucker oder Honig

Preiselbeeren pürieren, Eiklar zu Schnee schlagen und nach Geschmack süßen. Die Creme sollte etwa die Konsistenz von geschlagenem Obers haben.

Preiselbeer-Alleskönner

2 l Preiselbeeren (mit einem Messbecher abgemessen)
500 g Feinkristallzucker

Beeren und Zucker langsam, aber gut durchkochen, bis sich kein Schaum mehr bildet. Dann in saubere Gläser abfüllen. Die Masse kann für Eis und Süßspeisen, für Pikantes und Kaltschalen, in Ketchup, zu Gebäck, in Würzsaucen und mit Wasser verdünnt und gesüßt als Saft verwendet werden.
Zwei Jahre lang haltbar.

Preiselbeermus

1 Apfel, geschält und klein würfelig geschnitten
200 g Preiselbeeren
1 TL Thymianblättchen
Salz, Pfeffer
1 Messerspitze Kren, gerieben
100 ml Obers, steif geschlagen
nach Geschmack 2 EL Senf und
1 Spritzer Zitronensaft

Apfelwürfel mit den Preiselbeeren mischen und 10 Minuten dünsten, bis die Masse breiig wird. Durch ein Sieb passieren, die Gewürze zugeben und das steif geschlagene Obers unterziehen. Dieses Mus passt sowohl zu Getreide- und Kartoffel- als auch zu Fleisch- und Fischgerichten.

Preiselbeerkuchen im Glas

250 g Mehl
3 TL Backpulver
1 Prise Kardamom, gemahlen
1 Prise Zimt
1 Prise Vanillemark
125 g Zucker
1 Ei
250 ml Milch
80 ml Öl
1 Apfel, ohne Kernhaus, grob mit dem Reibeisen geraffelt und ausgedrückt
2 EL Preiselbeeren, frisch oder getrocknet
15 Einmachgläser à 160 ml, mit Öl ausgefettet
Deckel, Ringe und Klammern

Mehl, Backpulver, Zimt, Kardamom, Vanille und Zucker mischen; Ei, Milch und Öl verquirlen. Beide Mischungen flott zusammenrühren.
Das Apfelfruchtfleisch und die Preiselbeeren unter die Masse heben. Die Gläser zu nicht mehr als zwei Drittel füllen und im vorgeheizten Rohr bei 175 °C ca. 30 Minuten backen.
Deckel und passende Gummiringe in einem Topf mit Wasser 2 Minuten auskochen. Auf einem Tuch abtropfen lassen und die Gläser nach dem Backen sofort mit Klammern verschließen. Vorsichtig arbeiten und ein Tuch oder einen Handschuh zur Hilfe nehmen, natürlich ist alles sehr heiß!
Die Küchlein halten im Glas ein bis zwei Monate.

Preiselbeer-Pralinen

100 g weiße Kuvertüre
4 EL getrocknete Preiselbeeren
(aus dem Dörrapparat)

Kuvertüre hacken und in einer Schüssel über einem Wasserbad langsam schmelzen.
Eine Silikonform (es geht auch eine Pralinen- oder Eiswürfelform) kühlen. Die Preiselbeeren in die geschmolzene Kuvertüre einrühren, die Masse in die Silikonform füllen und in den Kühlschrank stellen, bis die Pralinen fest erstarrt sind.

› Bild Seite 36

Spaghetti-Eis mit Preiselbeer-Gewürz-Sauce

500 ml Vanilleeis
30–40 g weiße Schokolade, gerieben oder geraspelt
200 g Preiselbeer-Masse
125 ml Kräutertee
Gewürze nach persönlichem Geschmack
(z.B. Vanille, frische Zitronenthymianblättchen, Zimt, gemörserte Paradieskörner, fein gehackter Beifuß)
1 Handvoll Haselnuss- oder Kürbiskerne
3 EL Zucker

Die Preiselbeer-Grundmasse mit dem Tee aufkochen, würzen und einige Minuten unter Rühren leicht köcheln. Kurz etwas abkühlen lassen.
Für das Krokant Zucker in einem kleinen Topf karamellisieren, Nüsse oder Kerne einrühren und auf ein mit Backpapier belegtes Blech leeren. Nach dem Auskühlen grob hacken.
Das Eis mit der Kartoffelpresse auf vier Dessertteller pressen, die lauwarme Preiselbeersauce mit einem Löffel darübergeben, die geriebene Schokolade und das Krokant überstreuen und sofort servieren.

Schafgarbe

Botanischer Name
Achillea millefolium

Synonyme
Mausleiter, Venus-Augenbraue, Tausendblatt, Achilleskraut, Schafrippl, Bauchwehkraut, Soldatenkraut, Frauendank, Neunkraft, Hasengarbe, Blutkraut, Wiesengarbe, Wundkraut, Gundheil, Pestilenzkraut, Zimmermannskraut

Kennzeichen
aufrechte, unverzweigte, sehr zähe Stängel, herb duftende Blüten

Blüte
endständige Doldenrispe mit vielen, nur 4–7 mm großen Korbblüten, bei denen außen weiße oder zartrosa Zungenblüten und innen gelbe Röhrenblüten sitzen

Blätter
wechselständig, im Umriss lanzettlich, bis fast zum Mittelnerv fiederspaltig, auf jeder Seite mit 12–50 feinzipfeligen Abschnitten, der Mittelnerv ist sehr kräftig

Früchte
klein, ohne Haarkranz, länglich und seitlich mit einem flachen Rand kurz geflügelt

Vorkommen
Wiesen, Halbtrockenrasen und nährstoffreiche Böden

Erntezeit
junge Blätter von März bis April, nach der ersten Mahd wieder bis September, Blüten je nach Lage von Juni bis Oktober

Inhaltsstoffe
Bitterstoffe, Gerbstoffe, Flavonoide, Kieselsäure, Mineralstoffe, ätherische Öle (Pinen, Campher, Eugenol, Thujon, Caryophyllen, Limonen, Sesquiterpene, Chamazulen), Glykoside, Harz, Inulin, Phytosterine und Salicylsäure

„Was bitter dem Mund, ist dem Magen gesund" und „Schafgarbe im Leib tut wohl jedem Weib" – der Volksmund bringt es auf den Punkt. Selten hat ein Wildkraut so viele volkstümliche Namen wie die Schafgarbe und da zeichnet sich schon eine große Bandbreite von Anwendungen ab. Tatsächlich wurde das aromatische, bittere Kraut bei den verschiedensten Gelegenheiten eingesetzt und auch heute noch genießt es einen guten Ruf bei Naturheilkundlern.

Die Schafgarbe wirkt ausgleichend bei Störungen der Monatsblutung, hilft bei Ausfluss, beruhigt bei Krämpfen und Magenbeschwerden, unterstützt die Verdauung, bringt den Kreislauf in Schwung, hemmt Entzündungen, wirkt antiseptisch und regt Nieren und Blase an, ohne diese jedoch zu reizen. Außerdem ist sie blutstillend. Sie wird zur Heilsalbenbereitung, für Bäder, vor allem aber als Tee eingesetzt. Dafür nimmt man 1 TL getrocknete Schafgarbe und gießt mit einer Tasse heißem, nicht mehr kochendem Wasser auf. Nach 6 Minuten Ziehzeit abseihen. Dieser Tee hilft besonders bei Verdauungsbeschwerden.

Findige Lausbuben stopften sich früher die im älteren Zustand kratzigen Schafgarbenblätter in die Nase, um damit die zarte Schleimhaut zu verletzen und so Nasenbluten herbeizuführen. Nicht besonders angenehm, aber so konnte man sich eine Freistunde erschwindeln. Heute sind die meisten Wiesenkräuter nur noch den wenigsten Kindern bekannt und in jedem Klassenraum gibt es ein Waschbecken. So entfällt dieser ganz spezielle „Anwendungsbereich".

Aber nun zum kulinarischen Einsatz des Krauts. Wie soeben angemerkt, sind die älteren Blätter kratzig, man nutzt also nur die zarten, jungen Blätter, wenn diese noch weich sind. Die feinen Fiederblättchen, die der Schafgarbe den Namen „millefolium", also Tausendblatt gaben, sollen noch nicht starr ausgebreitet sein. So passen sie fein gehackt in Saucen, in Spätzleteig und in Dips, kommen etwas zerkleinert in den Salat und werden im ganzen Zustand in Backteig getaucht und ausgebacken. Die Blüten dienen zum Aromatisieren von Sirup, Bowle, Likör und Wasser. Als Gewürz zu schweren Speisen passt die Schafgarbe ebenfalls bestens. Auch Gemüsegerichte kann man mit ihr würzen, oder einfach ein schmackhaftes Kräutersalz zubereiten.

Schafgarbe

Schafgarbenbutter

250 g weiche Butter
1 Handvoll junge, fein gehackte Schafgarbenblätter
Salz
abgeriebene Schale einer Bio-Zitrone
1 EL scharfer Senf

Die Butter schaumig rühren und alle anderen Zutaten untermischen. Dosieren Sie das Salz sparsam, die Schafgarbe verstärkt den Geschmack. 30 Minuten ziehen lassen.
Die Butter kann man direkt als pikanten Brotaufstrich verwenden. Auch sehr hübsch: In einen Spritzsack mit Sterntülle füllen, Tupfen auf eine mit Backpapier belegte Platte spritzen und einfrieren. Diese Tupfen kann man als aromatische Kräuterbutter zu heißen Gerichten servieren. Frisch zwei Tage haltbar, tiefgefroren ein bis zwei Monate.

Kräuterbrötchen

½ Würfel frischer Germ (21 g)
1 Prise Zucker
30 ml Öl
150 ml lauwarmes Wasser
250 g glattes Mehl
½ TL Salz
1 Handvoll Wildkräuterblätter, zur Hälfte gehackt (Schafgarbe, Franzosenkraut, Hirtentäschel, Melde, Salbei)
Öl zum Bestreichen

Germ mit Zucker, Öl und Wasser auflösen, mit Salz, Mehl und der Hälfte der Kräuter (fein gehackt) zu einem glatten Teig verkneten und zugedeckt an einem warmen Ort 30 Minuten gehen lassen.
Auswalken, mit einem Ausstecher oder einem Glas Kreise ausstechen und diese auf ein geöltes Backblech setzen. Mit einem Küchentuch abdecken und 20 Minuten aufgehen lassen; das Backrohr währenddessen auf 180 °C vorheizen.
Die Teiglinge jetzt mit Öl bestreichen und mit Kräuterblättern belegen, vorsichtig niederdrücken. 20 Minuten backen, bis die Brötchen goldgelb sind.

› Bild Seite 131

Schafgarben-Tempura

(Sie können für dieses Rezept auch den Backteig von Seite 200 verwenden)

100 g Dinkelmehl
½ TL Salz
1 Ei
150 ml Milch
3 EL geriebener Parmesan
3 Handvoll junge Schafgarbenblätter
Öl zum Ausbacken

Mehl, Salz, Milch und Ei zu einem Teig rühren und 15 Minuten quellen lassen. Dann den geriebenen Käse einrühren. Die Schafgarbenblätter durch den Backteig ziehen und in heißem Öl frittieren oder in der Pfanne beidseitig ausbacken. Auf Küchenpapier abtropfen lassen und zu Salat oder mit verschiedenen Dips servieren.

› Bild Seite 111

Kräuterheusuppe

Da Heu offiziell nicht als sicheres Lebensmittel deklariert werden darf, stellen Sie Ihr Kräuterheu am besten selbst her: Pflücken Sie nur essbare Wildpflanzen, die Sie gut kennen (z.B. Löwenzahn, Spitzwegerich, Schafgarbe, Hirtentäschel, Salbei, Wildkarottengrün) und trocknen Sie diese – fertig!

2 Zwiebeln, grob gehackt
200 g Butter
1 Handvoll Kräuterheu (selbst gepflückt)
50 g Mehl
125 ml Weißwein (oder 100 ml weißer Traubensaft)
600 ml Wasser
125 ml Obers
20 g kalte Butter, in Würfel geschnitten
Salz

Wasser und Heu aufkochen, zugedeckt 10 Minuten sanft köcheln. Die Zwiebeln in Butter anschwitzen, mit Mehl stauben, verrühren und wegstellen.
Heu abseihen und die Flüssigkeit mit Wein oder Traubensaft mischen, dann die Zwiebel-Mehl-Mischung mit dem Schneebesen einrühren. Erneut aufkochen und 8 Minuten unter Rühren köcheln lassen. Obers dazugeben und salzen, 2 Minuten weiter köcheln und abschmecken.
Zuletzt die kalten Butterstücke einmontieren (= mit dem Schneebesen unterrühren, dabei aber nicht mehr weiter erhitzen). Als Dekoration für diese Suppe passen frittierte zarte Kräuter.

Schafgarbensirup

1 l Wasser
800 g Zucker
20–30 Schafgarben-Blütendolden

Alle Zutaten zusammen einige Minuten kochen – die Bitterstoffe werden recht schnell an den Sirup abgegeben. Dann abseihen und sofort abfüllen.
Ist das Aroma des fertigen Sirups sehr stark, nimmt man einfach weniger davon. Hält ungefähr ein Jahr, gekühlt aber auch länger.
Sparsam dosiert peppt dieser Sirup eine Sommerbowle auf.

Schafgarbensirup Bittersweet

20 g Blüten, abgeschnitten, ohne Stängel
10 Stück Wildkirschblätter
Saft von 2 Zitronen
500 g Zucker
600 ml Wasser
6 Pimentkörner

Alle Zutaten zusammen aufkochen, dann von der Herdplatte nehmen und zugedeckt 10 Minuten ziehen lassen (je nach gewünschter Stärke).
Abseihen und nochmals aufkochen lassen, dann heiß abfüllen.
Ein Jahr haltbar, gekühlt auch zwei Jahre.

Cremedessert mit Schafgarbe und Beeren

200 g Schwarzbeeren
8 EL Zucker oder Birkenzucker
abgeriebene Schale einer halben, Bio-Orange
150 g Himbeeren
250 g Topfen (40 % Fett)
200 g Joghurt
5 EL Schafgarbensirup
200 g Obers

Schwarzbeeren mit Orangenschale und 4 EL Zucker marinieren.
Dann die Himbeeren pürieren und durch ein Sieb passieren, um die Kerne zu entfernen.
Topfen, Joghurt, den restlichen Zucker und Schafgarbensirup miteinander verrühren, Obers steif schlagen.
Nun abwechselnd Schwarzbeeren, Topfencreme, Himbeermark und Schlagobers in kleine Gläser füllen und mit Schlagobers abschließen.

Schwarzbeere

Botanischer Name
Vaccinium myrtillus

Synonyme
Blaubeere, Heidelbeere, Bickbeere, Moosbeere, Zeckbeere, Äugelbeere, Druidenbeere, Waldbeere

Kennzeichen
15–50 cm hoher Zwergstrauch mit kantigen, verästelten grünen Stängeln

Blüte
rötlichgrüne, manchmal weißliche Glöckchen, die einzeln in den Blattachsen sitzen, kugelige, ca. 5 mm breite Krone

Blütezeit
Mai bis Juni

Blätter
wechselständig, kurz gestielt, 1–3 cm lang, eiförmig zugespitzt – am Rand schwach gesägt, beidseitig grün, rote Herbstfärbung

Früchte
blauschwarze Beeren, hellblau bereift, mit siegelartiger Unterseite und stark färbendem Saft

Vorkommen
Laub- und Nadelwälder bis zu 2 500 m Höhe; die Pflanze bevorzugt saure Böden – besonders süß und aromatisch schmecken Schwarzbeeren, wenn sie auf einem sonnigen Platz gewachsen sind

Erntezeit
Juli bis August

Inhaltsstoffe
Anthocyane, Gerbstoffe, Glykoside, Zitronen- und Äpfelsäure, Vitamin A, B und C, Eisen, Mangan, Chrom, Pektin und Zucker

„Wo bin ich gewesen? Nun rat' einmal schön!"
„Im Wald bist gewesen, das kann man ja sehn:
Spinnweben am Kleid, Tannennadeln im Haar,
das bringt doch nur mit, wer im Tannenwald war."

„Was tat ich im Walde? Sprich, weißt du das auch?"
„Hast Beeren gepflückt, vom Heidelbeerstrauch.
Oh, sieh nur, wie blau um das Mündchen du bist!
Das kriegt man doch nur, wenn man Heidelbeeren isst!"

Johannes Trojan

Mit diesem Gedicht aus meinem Volksschul-Lesebuch ist alles gesagt – es ist unübersehbar, wenn man Schwarzbeeren gegessen hat, denn ihre Flecken auf Tischtuch und Kleidung sind von großer Treue! Dafür haben die hartnäckigen Farbstoffe der Beeren aber auch ganz besondere gesundheitliche Qualitäten: Die Anthocyane fangen freie Radikale, die die Zellalterung beschleunigen, ein, sie wirken als Antioxidantien und verbessern außerdem die Nachtsicht. Auf diesen positiven Nebeneffekt kam man, weil britischen Betreuungsärzten im Zweiten Weltkrieg auffiel, dass das Nachtsichtvermögen der Piloten zugenommen hatte und, dass dies mit dem regelmäßigen Verzehr von Schwarzbeermarmelade beim Frühstück zusammenhing. Auch heute sollten wir unsere von der Computerarbeit malträtierten Augen regelmäßig durch den Genuss von Schwarzbeeren verwöhnen, denn auch bei Lichtempfindlichkeit und zur Vorbeugung der Makula-Degeneration, die als Hauptursache von Altersblindheit angesehen wird, hilft die regelmäßige Einnahme.

Schulmedizinisch eingesetzt werden getrocknete oder gekochte Schwarzbeeren wegen ihres Gerbstoffgehalts und ihrer antibakteriellen Wirkung vor allem bei Durchfallerkrankungen. In der Volksmedizin finden sie seit langer Zeit Verwendung bei Ruhr, Leber- und Gallenblasenentzündungen, bei Herzproblemen, Venenentzündungen und Ekzemen.
Die gezüchteten großen Schwarzbeeren, die innen weiß sind und nicht färben, haben allerdings nicht

die gleichen Inhaltsstoffe und Wirkung wie ihre wilden Verwandten.

Kulinarisch verwendet man die Schwarzbeeren entweder roh – einfach vom Strauch genascht oder in Milcherzeugnissen und gesüßt – oder weiterverarbeitet zu Kompott, Marmelade, Essig, Saft, Sirup, Likör, als Belag auf Obsttorten, in Kuchen, Muffins, Eis, oder für süße Suppen und Saucen. Im Salat bringen sie eine verblüffende Frische und Würze mit ins Spiel und pikante Dips bekommen außer der schönen lila Farbe auch eine besondere Geschmacksintensität. Getrocknet werten die Beeren Kräuter- und Früchtetees auf und können wie Rosinen in süßen und pikanten Gebäcken verarbeitet oder ins Müsli gemischt werden.
Meine Mutter streute die frisch gepflückten Schwarzbeeren auf ein Blech und fror sie ein. So konnten sie dann leicht in ein anderes Behältnis geleert und portioniert werden. Die tiefgefrorenen Beeren verwendete sie dann gerne als Obsttortenbelag – in den Zwischenräumen von Bananenscheiben und Dosenpfirsichschnitzen sorgten die eiskalten Kügelchen dafür, dass das Tortengelee schnell erstarrte.
Gegen die Flecken, die der Schwarzbeersaft auf der Kleidung macht, gibt es übrigens doch ein Mittel: frischen Zitronensaft für 10 Minuten einwirken lassen und dann auswaschen!

Gurkensalat mit Schwarzbeeren und Minze

1 Salatgurke
125 g Schwarzbeeren
1 Zweig Minze
1 kleiner Zweig Dill
1 Handvoll junge Wildkräuterblätter
4 EL Zitronensaft
1 TL Dijonsenf
1 EL Schafgarbensirup (Rezept S. 149)
4 EL Rapsöl
Salz, Pfeffer

Aus Zitronensaft, Senf, Sirup, Öl, Salz und frisch gemahlenem Pfeffer eine Marinade rühren.
Die Gurke schälen, längs vierteln und mit einem Längsschnitt die Kerne entfernen. Fein längs hobeln, dann mit den Wildkräutern, dem geschnittenen Dill und den abgezupften Minzeblättern mischen und marinieren. Mit Schwarzbeeren bestreuen und servieren.

Hüftsteak mit Schwarzbeer-Cutney

4 Hüftsteaks, nicht direkt aus dem Kühlschrank
2 EL Öl
150 g Blauschimmelkäse
100 g helle Cracker
Meersalz, Pfeffer (frisch geschrotet)
frisch abgezupfte Thymianblättchen (etwa 3–4 Stiele)

Chutney
200 g Schwarzbeeren
4 cm Ingwerwurzel, geschält und gerieben
2 Schalotten, geschält und gewürfelt
1 kleiner Apfel, geschält und geraspelt
2 EL Öl
50 g brauner Zucker
4 EL Balsamicoessig
Salz, Pfeffer

Für das Chutney Schalotten im Öl anbraten, Zucker dazugeben und karamellisieren lassen. Beeren, Apfel, Ingwer und Essig hinzufügen, mit Salz und Pfeffer abschmecken und 10 Minuten köcheln. Heiß in Gläser füllen. Hält gekühlt ein Jahr.

Steaks mit Pfeffer und Thymian würzen. Öl in einer Pfanne erhitzen und das Fleisch darin beidseitig je eineinhalb Minuten braten. In Alufolie wickeln und für 5 Minuten warmstellen. Den Blauschimmelkäse in Scheiben schneiden und auf die Cracker legen, eventuell kurz überbacken. Dann die Steaks zusammen mit Crackern und Chutney servieren.

Feinschmecker-Schwarzbeerdatscherl

3 Eier, getrennt
125 g Sauerrahm
100 g griffiges Mehl
1 TL abgeriebene Zitronenschale
1 Prise Salz
3 EL Feinkristallzucker
250 g Schwarzbeeren, mit 1 EL Mehl bestaubt
Butter und etwas Öl
Staubzucker

Dotter, Sauerrahm, Mehl, Zitronenschale und Salz verrühren.
Eiklar und Zucker zu Schnee schlagen.
Den Eischnee mit dem Schneebesen behutsam unter die Dottermasse heben, dann die mit Mehl bestaubten Schwarzbeeren untermischen.
Butter und Öl in einer Pfanne erhitzen, mit einem immer wieder ins heiße Fett getauchten Löffel Nockerl vom Teig abstechen und von beiden Seiten goldgelb ausbacken. Mit Staubzucker bestreuen.

Einfache Schwarzbeerdatscherl

300 g griffiges Mehl
500 ml Schwarzbeeren (mit einem Messbecher abgemessen)
375 ml heiße Milch
1 Prise Salz
250 g Butter
3 EL Öl

Mehl, Salz und Beeren gut mischen und mit der heißen Milch verrühren. In einer großen Pfanne Butter und Öl erhitzen und mit einem Löffel, der immer wieder ins heiße Fett getaucht wird, Nockerl vom Teig abstechen. In der Pfanne flachdrücken und auf beiden Seiten goldbraun backen.

Lila Zucker

40 g Schwarzbeeren, tiefgekühlt (durch das Einfrieren werden die Zellwände aufgebrochen und die Beeren sind dann besonders saftig)
150 g Kristallzucker oder Hagelzucker

Die aufgetauten Schwarzbeeren mit einer Gabel gut zerdrücken und durch ein Sieb in eine Schüssel passieren. 1–2 EL von dem so entstandenen Schwarzbeersaft mit dem Zucker verrühren und den Zucker auf einem mit Backpapier ausgelegtem Backblech einen Tag lang trocknen lassen. In einem Schraubglas hält der Zucker recht lange und verschönert frisch aufgestreut viele Desserts.

Schwarzbeermarmelade

500 g Schwarzbeeren
500 g Gelierzucker 1:1
nach Geschmack je 1–2 Prisen Zimt und Vanille

Beeren und Zucker pürieren, 3 Stunden ziehen lassen. Unter ständigem Rühren aufkochen, 3–4 Minuten köcheln, Gewürze einrühren und abfüllen.

Blueberry-Pancakes

Schwarzbeerdatscherl auf Amerikanisch!

250 g Mehl
1 TL Backpulver oder Natron
1 EL Vanillezucker
1 Prise Salz
1 Ei
750 ml Buttermilch
2 EL zerlassene Butter
150 g Schwarzbeeren
Öl
Honig oder Ahornsirup

Zuerst die trockenen Zutaten Mehl, Backpulver Vanillezucker und Salz sowie davon getrennt die feuchten Zutaten Ei, Buttermilch und zerlassene Butter mischen.
Beide Mischungen verrühren und die Schwarzbeeren untermengen.
Etwas Öl in einer Pfanne erhitzen und mit einem großen Löffel Teig für 10 Pfannküchlein portionieren und ausbacken, der Teig geht locker auf.
Mit Ahornsirup oder Honig servieren.

Nusspalatschinken (Rezept S. 61) mit Schwarzbeermarmelade, Eichelschokolade-Nockerl (Rezept S. 37)

Strahlenlose
Kamille

Botanischer Name
Matricaria discoidea

Synonyme
Knopfkamille, Apfelkamille, Ananaskamille

Kennzeichen
5–20 cm hohes unauffällig grünes einjähriges Korbblütengewächs mit verzweigtem Stängel und stark fruchtig anmutendem Kamillenduft

Blüte
5–8 mm breite Blütenkörbchen mit kegelförmigem Körbchenboden und gelbgrünen Röhrenblüten (innen hohl)

Blütezeit
Juni bis September, bei warmem Wetter auch schon ab Mai

Blätter
linealische 0,5 mm breite Abschnitte, 2–3-fach fiederspaltig

Früchte
ohne Haarkranz, winzig, stäbchenförmig, verschleimen bei Nässe und werden durch Fahrzeugreifen und Schuhe verschleppt

Vorkommen
Bahndämme, Feldwege, betretene Rasenflächen, Parkplätze

Erntezeit
Blüten teilweise schon ab Mai bei warmem Wetter und von Juni bis September

Inhaltsstoffe
Ätherische Öle, Bisabolol, Flavone, Cumarin, Quercetin und Luteolin, Schleimstoffe

Die Kamille ist bei uns wohl die bekannteste Heilpflanze. Der Schriftsteller Karl Heinrich Waggerl setzte dem Pflänzchen literarisch ein Denkmal:

Die Kraft, das Weh im Leib zu stillen,
verlieh der Schöpfer den Kamillen.
Sie blühen und warten unverzagt
auf jemand, den das Bauchweh plagt.
Der Mensch jedoch in seiner Pein
glaubt nicht an das, was allgemein
zu haben ist. Er schreit nach Pillen.
Verschont mich, sagt er, mit Kamillen,
um Gotteswillen!

Wer den Geruch der Echten Kamille (Matricaria chamomilla) nicht so mag, kann sich vielleicht mit der Strahlenlosen Kamille anfreunden. Diese duftet fruchtig nach Apfel- und Ananasnuancen und wurde schon von den Frauen der Cayenne-Indianer als Parfum genutzt. Im Gegensatz zu anderen Arten hat sie keine weißen Zungenblüten und sieht dadurch ein bisschen „gerupft" aus. So ist sie auch optisch unauffällig und die meisten Menschen gehen achtlos an ihr vorbei oder sogar über sie hinweg. Die Strahlenlose Kamille stört das allerdings gar nicht. Sie bleibt unbehelligt, darf sich ausbreiten und friedlich ihre Wege erobern.
Wie auch das Indische Springkraut (Seite 76) zählt die Strahlenlose Kamille zu den Neophyten, also zu den Pflanzen, die sich ab der Entdeckung der „Neuen Welt" als neu zugezogene „Eindringlinge" in unseren Breiten eingebürgert haben. Ein kleiner Exkurs: 1492 landete Kolumbus mit dem Auftrag in Amerika, Gold und andere Reichtümer heim nach Spanien zu bringen. So wurde zusammengeräubert, was nicht niet- und nagelfest war. Die Eroberer brachten exotische Gemüsesorten wie Mais, bis dato unbekannte Tiere und auch Sklaven mit. Durch Schifffahrt und Handel wurden Samen und Pflanzen in beide Richtungen ausgetauscht, teils absichtlich, teils unbemerkt. Und auch heute findet ein reger Austausch auf der ganzen Welt statt. Manche Pflanzen landen ihrer Blüten wegen in Parks, botanischen Gärten und Hausgärten, wobei einige manchmal auch wieder ausbüxen und sich in freier Wildbahn munter weitervermehren.
Weil man nicht viel über die Neuankömmlinge weiß, werden gerade unauffällige Pflanzen oft Opfer von Vorurteilen. So wird auch die Strahlenlose Kamille in den meisten Kräuterbüchern gar nicht erwähnt oder als wertlos bezeichnet.
Schön, dass es Autoren wie Wolf-Dieter Storl gibt, die mit Fachkenntnis und ohne Vorurteile über Neophyten berichten und sich ihre eigenen Gedanken zu dem Thema machen. Storl stellt etwa fest, dass sich sogenannte Spätneophyten vor allem in Industrielandschaften und auf Böden, die mit Agrarchemikalien angereichert und durch den Einsatz schwerer Maschinen verdichtet wurden, ausbreiten. Er bezeichnet die Invasion dieser Pflanzen als einen Spiegel unserer Lebensweise – und das gibt doch zu denken, oder nicht?
Aber selbst das Erdmandelgras steht auf der „Liste der weltweit gefährlichsten Unkräuter" und soll große

ökologische, gesundheitliche sowie ökonomische Schäden verursachen – obwohl es im Reformhaus Mehl und Müsli aus der Knolle zu kaufen gibt. Die Bauern werden dazu aufgefordert, das „hartnäckige Ungras" mit Glyphosat, Metolachlor, Bentazon und Mesotrion zu bekämpfen und da schließt sich der Kreis: Die Artenvielfalt wird in erster Linie nicht durch die gefürchteten Neophyten bedroht, sondern durch Monokulturen und Breitbandherbizide, die genau diese Monokulturen begünstigen.

Aber wieder zurück zur Strahlenlosen Kamille, die es wirklich nicht verdient, als wertlos geschmäht zu werden. Zwar enthält sie kein Chamazulen wie die Echte Kamille, wohl aber andere ätherische Öle, die für den fruchtigen Duft sorgen. Die anderen bekannten Vorzüge der Kamille finden wir bei ihr ebenfalls: allgemein beruhigend und pflegend bei gereizter Schleimhaut, wohltuend bei Verdauungsstörungen, krampflösend und wundheilend. Zusammen mit anderen Duftpflanzen sorgt die Strahlenlose Kamille

in Kräuterkissen für tiefen Schlaf. Dass die Pflanze auch milchbildend wirkt, konnten stillende Mütter feststellen, die den beruhigenden Tee tranken. Heiß überbrüht und wieder abgekühlt erfrischt und pflegt ein Sud aus dem Kraut unsere Füße. Klar, dass auch ein Bad mit den grünen Blüten angenehm ist.
Bei Sonnenbrand übergießt man 2 EL Blüten mit 100 ml heißem Wasser, lässt dieses 10 Minuten ziehen und gibt nach dem Abseihen noch 150 ml kaltes Wasser dazu. Mit einer Packung (250 g) Topfen verrührt und entweder auf einem Tuch als Auflage oder auch direkt auf die Haut gestrichen entfaltet sich die kühlende und beruhigende Wirkung am besten.

Wie wenden wir die Strahlenlose Kamille in der Küche an? Als ich auf die Pflanze aufmerksam wurde, habe ich zunächst einmal probiert, wie sie in Sirup und Tee schmeckt. Inzwischen erfreuen sich meine Gäste an Sorbet, Gelee, Kamillen-Zitronen-Muffins und verschiedenen Kräuterzubereitungen. Das fein geschnittene Kraut passt außerdem gut in Salatmarinaden. Mein Rat vorweg: Die Blüten mit einer kleinen Schere von den Pflanzen abschneiden. So reißt man nichts unnötig aus und bringt das Ernteergebnis sauber in die Küche.

Kamillensirup

einige Handvoll Kamillenblüten
2 l Wasser
500 g Gelierzucker 2:1
1 kg Feinkristallzucker
1 EL Zitronensäure, oder Saft von 5 Zitronen

Die Blüten mit dem Wasser aufkochen, mindestens 10 Minuten ziehen lassen, dann abseihen und abtropfen lassen. Das Blütenwasser mit Zucker und Zitronensäure erneut aufkochen und einige Minuten köcheln lassen. Heiß in saubere Flaschen füllen. Hält gekühlt ein Jahr.

Eine Variante:
Zutaten kalt verrühren, gekühlt zwei Tage ziehen lassen, dann abseihen und in kleinen Flaschen gekühlt aufbewahren. Dieser Sirup eignet sich für kalte Getränke, zum Süßen von Obstsalaten und löffelweise auch zu Salatmarinaden.

Kamillenobers

250 ml Obers
2–4 EL Kamillensirup, nach Geschmack
1–2 EL Staubzucker

Es muss nicht immer kompliziert sein: Obers steif schlagen, Sirup und Zucker unterrühren – fertig!

Passt besonders gut zu Obstsalat!

Kamillen-Eistee

1 Handvoll Kamillenblüten
1,5 l Wasser
Saft von 2 Limetten
Zucker, Honig oder Läuterzucker nach Geschmack

Die frischen Blüten mit heißem Wasser übergießen, 6 Minuten ziehen lassen und dann abseihen. Nach Geschmack Limettensaft, Zucker, Honig oder Läuterzucker zugeben und gut gekühlt genießen.

Kamillen-Smoothie

10 frische Kamillenblüten
1 Banane, geschält
1 Scheibe Wassermelone
100 ml Wasser
1 TL Honig oder Sirup

Alle Zutaten gut mixen und einfach genießen! Wer keinen Hochleistungsmixer hat, macht aus Wasser und Blüten zuerst einen Tee, den man dann abgeseiht und abgekühlt weiterverwenden kann.

Cremig-fruchtiges Pfirsich-Kamillen-Dessert

Frucht und Sirup

6 Pfirsiche, halbiert und entkernt
180 g Zucker
8 EL Kamillenblüten
400 ml Wasser
½ Vanilleschote

Kamillencreme

1 Becher Crème fraîche
1–2 EL Zitronensaft, nach Geschmack
1 EL Staubzucker, nach Geschmack

Wasser und Zucker aufkochen, Kamillenblüten und Vanilleschote dazugeben und 10 Minuten leicht köcheln lassen. Blüten und Vanilleschote abseihen (diese können noch für Tee weiterverwendet werden!) und die Pfirsiche in diesem Sud 3 Minuten mitköcheln, dann wegstellen. Gekühlt 1–2 Tage ziehen lassen. Vor dem Servieren die Haut von den Pfirsichen abziehen und die Früchte in Spalten schneiden. Den zurückbleibenden Sirup etwas einreduzieren.

Für die Kamillencreme alle Zutaten mit dem einreduzierten Pfirsich-Kamillen-Sirup verrühren und abschmecken.

Die Creme mit den Pfirsichspalten und Hohlhippen oder Keksen anrichten.

Kamillen-Cookies

180 g brauner Zucker
225 g weiche Butter
3–4 EL Kamillenblüten, fein gehackt
1 Dotter
¼ Vanilleschote (Mark herausgekratzt)
280 g Mehl
1 Prise Salz

Butter und Dotter mit 140 g Zucker schaumig rühren, Salz, Vanillemark und Kamillenblüten zugeben. Das Mehl einsieben, alles mischen und zu einer Rolle formen. Die Rolle im restlichen Zucker wälzen, in Frischhaltefolie wickeln und eine Stunde in den Kühlschrank legen. Dann in 5–6 mm dicke Scheiben schneiden und diese bei 170 °C Umluft (sonst 190 °C) ca. 10 Minuten goldgelb backen. Auf dem Blech abkühlen lassen – auch wenn es eine Versuchung ist: Verbrennen Sie sich nicht die Finger!

Pfirsich-Kamillen-Dessert mit Kamillen-Cookie und verzuckerten Nachtkerzenblüten (Rezept S. 232)

Taubenkropf-
Leimkraut

Botanischer Name
Silene vulgaris

Synonyme
Klatschkraut, Wilder Spinat, Taubenkropf-Silene, Klatschnelke, Blasen-Leimkraut, Knirrkohl, Widerstoß, Strigoli

Kennzeichen
Nelkengewächs mit bauchig aufgeblasenem Kelch und glatt aufrechtem Stängel

Blüte
lockerer, gabeliger Blütenstand, in eine Richtung weisend mit weißen, freistehenden 25–30 mm langen, zweispaltigen Kronblättern mit herausragenden Narben und Staubblättern, bauchig aufgetriebener Kelch mit rötlichen oder grünlichen, netzartig verbundenen Nerven – manchmal zwittrig, manchmal nur männlich oder weiblich.

Blütezeit
Mai bis September

Blätter
fleischig, gegenständig, zugespitzt, länglich

Früchte
Kapselfrüchte, die wie winzige Krüglein mit Zackenrand aussehen

Vorkommen
von der Ebene bis ins Gebirge, trockene Wiesen, Schutthalden, Steinbrüche, Böschungen oder Wegränder

Erntezeit
junge Blätter im April, bevor die Blütenstängel treiben

Inhaltsstoffe
Mineralstoffe, Bitterstoffe, Vitamine (u.a. Vitamin C), Chlorophyll, Zucker, Saponine, Schleimstoffe

Das zierliche Leimkraut gehört zur Familie der Nelkengewächse. Diese haben alle einen leicht bauchigen Blütenkelch, aber das Taubenkropf-Leimkraut hat einen besonders aufgeblasenen Kelch, einen „Kropf“ eben.

Auch der lateinische Name Silene nimmt darauf Bezug: Silenos war in der griechischen Mythologie der dickbäuchige Erzieher des Weingottes Dionysos und die humorvollen Botaniker erinnerte der Kelch der Pflanze an dessen vollgetrunkenes Ränzlein.

Nachts duften die weißen Blüten der Taubenkropf-Silene, um Nachtfalter anzulocken. Natürlich finden diese mit ihren langen Rüsseln keinen Wein im Kelch, sie mögen den Nektar aber auch lieber. Die Hummeln haben es ebenfalls auf den Nektar abgesehen, aber ihr Rüssel ist nicht lang genug. Die pelzigen Rowdies beißen deswegen einfach seitlich ein Loch in den Kelch und bedienen sich am „Gratis-Buffet“, ohne für die Befruchtung zu sorgen.

Trotzdem ist das Taubenkropf-Leimkraut häufig zu finden, wenn Lage und Boden passen. Sonnig soll es sein, nicht gedüngt oder zu viel bearbeitet – am liebsten mag das Kraut sandige Böden. Auf den Bergwiesen rund um mein Elternhaus ist das

Taubenkropf-Leimkraut nach wie vor in großer Zahl vertreten.

Bevor die Blütenstängel zu treiben beginnen, sieht man nur einen Schopf saftiger Blätter, der im Gras durch seine graugrüne Farbe auffällt. Die Bezeichnung Leimkraut ist allerdings eigentlich irreführend, denn bei verwandten Arten befinden sich klebende Bereiche am Stängel, bei unserem Kandidaten ist der Stängel aber glatt. Im Gegensatz zu anderen Nachtblühern sind die Blüten des Krauts auch tagsüber geöffnet.

Als Kind zupfte ich gerne die strohgelbe, dürre Fruchtkapsel mit den nach außen gebogenen Zähnchen ab und leerte die schwarzen Samen wie aus einem Krüglein heraus. Die meisten Kinder spielen aber lieber mit den Blütenkelchen, wenn sie noch geschlossen oder eben erst aufgeblüht sind. Die geschlossenen Kelche werden am Stielchen gehalten und auf den Handrücken oder die Stirn geklatscht. Der laute Knall beim Platzen erklärt den Namen Klatschkraut. Ist die Blüte schon offen, hält nimmt man sie mit Daumen und Zeigefinger an der Spitze, sodass sich ein geschlossenes Säckchen bildet. Das Knallen ist dann sogar noch lauter.

Medizinisch angewendet wird das Leimkraut bei Blutarmut und wegen seiner stoffwechselunterstützenden Wirkung bei Diabetes Typ 2. Und kulinarisch? Gegessen werden die Blätter, als Salat oder Spinat, in Lasagne oder als Füllung. Auch die noch jungen Triebe schmecken gut, ein wenig wie Zuckererbsen.

Suppe vom Leimkraut

1 Zwiebel, geschält und fein gehackt
1 Knoblauchzehe, fein gehackt
40 g Butter
8 Handvoll Leimkrautblätter
2 EL Dinkelmehl
1 l Gemüsefond
125 ml Obers
Salz, Muskatnuss, Pfeffer
1 Spritzer Zitronensaft
2 EL fein gehackte Wildkräuter (Schafgarbe, junger Giersch, Gundelrebe, Minze)

Zwiebel in heißer Butter anrösten, Knoblauch und Leimkrautblätter dazugeben. Unter Rühren zusammenfallen lassen, dann mit Mehl stauben, mit Gemüsefond ablöschen, würzen und 10 Minuten leicht köcheln lassen. Zuletzt das Obers einrühren, gut abschmecken und die Kräuter überstreuen.

Silenen-Rührei

200–250 g Leimkrautblätter
6–8 Eier
Salz, Pfeffer, Muskatnuss
1 Zwiebel
40 g Butter
Öl

Zwiebel fein hacken und in etwas heißem Öl anbraten. Die Leimkrautblätter hinzugeben und kurz garen, leicht salzen und etwas Muskatnuss darüber reiben. Warmhalten. Die Eier verquirlen, würzen und in einer Pfanne mit Butter und etwas Öl bei nicht zu starker Hitze kurz garen. Zusammen mit dem Gemüse anrichten. Dazu passt Tomatensalat.

Risotto e sclopit

In Friaul gibt es eine bei Einheimischen sehr beliebte Spezialität, sie heißt Sclopit oder Jarbis und damit ist nichts anderes als unser Taubenkropf-Leimkraut gemeint. Ob zu Perlhuhn oder Fisch, als Zutat für Saucen oder im Risotto, die Friaulaner lieben diese Pflanze.

350 g Leimkrautblätter
1 Zwiebel
40 g Butter
250 g Risotto-Reis
10 ml Vermouth oder Schafgarbensirup, etwas verdünnt
1 l Gemüsefond oder Hühnersuppe
20 g Butter, kalt und in kleinen Stücken
100 g alter Montasiokäse, Bergkäse oder anderer würziger Hartkäse, gerieben
Salz, Pfeffer

Zwiebel in dünne Ringe schneiden und in der heißen Butter (40 g) goldgelb anrösten.
Das Taubenkropf-Leimkraut grob schneiden und kurz mitdünsten. Reis dazugeben, mit Vermouth aufgießen und fast verkochen lassen. Jetzt nach und nach unter stetigem Rühren mit heißer Suppe aufgießen, bis der Reis außen cremig ist und innen noch etwas Biss hat. Abschmecken, die kalten Butterstücke einrühren und zum Schluss den geriebenen Käse überstreuen.

Zartes Leimkraut-Gemüse

Wenn Sie das Glück haben, im Frühling eine größere Menge der jungen Blätter des Taubenkropf-Leimkrauts zu finden (diese sehen wie ein Grasschopf aus), pflücken Sie diese. Sie werden kaum eine zartere Beilage finden – einfach nur sauber abschneiden und daheim kurz in Butter dünsten. Etwas Salz und fertig!

Vogelbeere

Botanischer Name
Sorbus aucubaria

Synonyme
Gemeine Eberesche, Vogelbeere, Quitschenbaum, Quitsche

Kennzeichen
6–12 Meter hoher Baum aus der Familie der Rosengewächse, lockere Krone, kann bis zu 100 Jahre alt werden

Blüte
cremeweiße Doldenrispen, deren Geruch nicht sehr angenehm ist

Blütezeit
Mai bis Juni

Blätter
wechselständig, unpaarig gefiedert, Herbstfärbung leuchtend rot

Früchte
ca. 1 cm große apfelförmige Scheinfrüchte in Trugdolden, orange oder rot

Vorkommen
sonnige Waldränder, Böschungen, Vorgärten, bis 2400 Meter Höhe (dort allerdings nur mehr als Strauch), der Baum braucht ausreichend braucht Boden- und Luftfeuchte.

Erntezeit
Früchte ja nach Standort Ende August bis Mitte September, Vollreife im Oktober

Inhaltsstoffe
Provitamin A, bis zu 100 mg Vitamin C auf 100 g Frischsubstanz, reichlich Fruchtsäure, Gerbstoffe, Pektin (macht Marmeladen gut haltbar)
Carotinoid, Sorbit (oft als Zuckerersatz für Diabetiker genutzt), Zucker, Sorbinsäure (hemmt die Entwicklung von Schimmelpilzen und Bakterien), Parasorbinsäure (kann zu Magenproblemen führen, wird aber durch das Kochen in gut verträgliche Sorbinsäure umgewandelt), ätherische Öle und Anthocyane

Wenn die roten Vogelbeeren aufleuchten, ist der Herbst gekommen. Werden die Früchte im September gepflückt, enthalten sie besonders viel Vitamin C, der Geschmack wird allerdings später noch besser. Das wissen auch die Vögel und nutzen ihren Vorteil, ganz nach oben an die für uns unerreichbaren Zweige zu kommen, schamlos aus – der Name „Vogelbeere" kommt eben nicht von ungefähr. Besonders interessant ist die Mährische Vogelbeere (Sorbus aucuparia var. edulis oder Sorbus aucuparia var. V. moravica), die keine Parasorbinsäure enthält und so auch in größeren Mengen für den Rohgenuss geeignet ist. Ihre Beeren sind 1 cm groß und im unreifen Zustand orangefarben, vollreif glänzen sie scharlachrot mit gelben Punkten. Die Blätter zeigen im Herbst eine braunviolette Färbung. Das ist die Sorte, von der Vögel die Schnäbel kaum voll bekommen können!

Botanisch gesehen sind die hübschen Früchte Scheinfrüchte und sehen wie winzige Äpfelchen

aus. Landläufig bezeichnet man sie als Beeren und der Einfachheit halber bleibe auch ich bei dieser Bezeichnung.

Die normale Vogelbeere ist für den Rohgenuss nur in kleinen Mengen geeignet und sehr herb im Geschmack. Wird sie kurz eingefroren und in Essigwasser (1 Teil Essig, 2 Teile Wasser) eingelegt, verliert sie viel von diesem Geschmack, der „einem das Hemd hinten hineinzieht", wie ein Nachbar von mir einmal äußerte. Eine andere Entbitterungsmethode besteht darin, die Beeren in kochendem Wasser aufwallen und etwa 10 Stunden in schwacher Essiglösung ziehen zu lassen.
Bei Vollreife wird aus den Beeren Likör oder Schnaps hergestellt. Aus 100 Litern Maische bekommt man jedoch nur 2,7 Liter Schnaps, das erklärt den hohen Preis. Ebenso schmackhaft und gesund ist ein Saft oder Sirup aus den Beeren.
Ich kombiniere Vogelbeeren sehr gerne mit Äpfeln, Bananen, Birnen, Kürbis, Karotten oder Quitten und mache daraus dann Chutney, Kompott, Fruchtaufstrich, Marmelade, Gelee und Fruchtmark. Auch kandiert als Wildbeilage, für Brötchen oder Süßwaren schmecken sie vorzüglich. Früher röstete man sogar die Samen, die beim Passieren übrig blieben und verwendete sie als „Kaffee" – die getrockneten Beeren kamen wie Rosinen ins Gebäck.

Fruchtiges Vogelbeer-Chutney

300 g Äpfel, geschält, entkernt und gewürfelt
200 g Muskatkürbis oder Karotten, geschält und gewürfelt
100 g Vogelbeeren
100 g Rosinen
100 g Dörrzwetschken (Dörrpflaumen), geschnitten
2 cm frischer Ingwer, geschält und gerieben
1 EL Korianderkörner, fein gemörsert oder 2–3 Wacholderbeeren
150 ml Wasser
20 ml Weinessig
Chilipulver
nach Geschmack Rohrzucker oder Honig
Salz

Alle Zutaten zu einer sämigen Masse köcheln und abschmecken. Heiß abfüllen. Das Chutney sollte vor dem Genuss zwei Wochen ziehen und passt besonders zu Gegrilltem, kaltem Braten, Wild und Getreide- oder Gemüselaibchen. Hält ein bis zwei Jahre.

Vogelbeer-Apfel-Marmelade

500 g tiefgekühlte Vogelbeeren
500 g Äpfel
1 Vanilleschote (ausgekratztes Mark)
1 Zimtstange
1 kg Gelierzucker 1:1

Die tiefgekühlten Vogelbeeren mit Essig und Wasser (im Verhältnis 1:1) übergießen und über Nacht stehen lassen. Abseihen, mit frischem Wasser übergießen, Zimtstange hinzugeben und 15–20 Minuten weich kochen. Inzwischen die Äpfel schälen und in kleine Würfelchen schneiden. Alles unter Rühren aufkochen, 4 weitere Minuten kochen lassen, Zimtstange entfernen und heiß in sterile Gläser abfüllen.
Hält ein bis zwei Jahre.

Vogelbeeren eingelegt

1 kg Rohrzucker
250 ml Wasser
1 kg Vogelbeeren, geputzt
1 Stück Zimtrinde
3–4 Gewürznelken
2 Lorbeerblätter

Wasser, Zucker und Gewürze 8 Minuten köcheln lassen, den entstehenden Schaum abschöpfen, die Vogelbeeren zugeben und nochmals aufkochen. Über Nacht zugedeckt stehen lassen. Über 4 Tage hinweg einmal täglich die Beeren abseihen, die aufgefangene Flüssigkeit aufkochen und wieder über die Beeren gießen. Dann in ausgekochte Gläser abfüllen.
Hält ein bis zwei Jahre.

Wildfrucht-Kompott

350 g Vogelbeeren
Wasser
2 feste Birnen
1–2 Handvoll geputzte, entkernte Hagebutten
1 Handvoll Preiselbeeren
1 kleines Stück Zimtrinde
5 Stück Gewürznelken oder
grüne Wildkarottensamen
Zucker oder Honig nach Geschmack

Die Vogelbeeren sauber verlesen, die Birnen schälen und ohne Kernhaus in kleine Würfel schneiden. Vogelbeeren und Birnenwürfel mit Wasser, Zucker oder Honig und den Gewürzen etwa 15 Minuten leicht kochen, dann die Hagebutten und Preiselbeeren zugeben. Weiter köcheln, bis das Kompott die gewünschte Konsistenz hat und abschließend abschmecken.

› Bild Seite 81 und 97

Vogelbeer-Chutney mit Kürbis

300 g Kürbis, geputzt und
in 1 cm große Würfel geschnitten
1 kleine Zwiebel oder 2 Schalotten, gehackt
150 g Äpfel, geschält und in Scheiben geschnitten
200 g Vogelbeeren
1 EL Ingwer, fein gerieben
½ TL Cayennepfeffer
1 Prise Nelkenpulver
2 Prisen Zimt
1 TL Salz
100 g Honig oder Sirup
200 ml Apfelessig

Alle Zutaten mischen und 30 Minuten unter Rühren breiig kochen. Abschmecken und noch heiß in sterile Schraubverschlussgläser abfüllen. Das Chutney sollte vor dem Genuss mindestens eine Woche durchziehen.
Hält ein bis zwei Jahre.

› Bild Seite 195

Vogelbeer-Konfekt

500 g tiefgekühlte Vogelbeeren
500 g Staubzucker
Saft einer Limette oder Zitrone
2 EL Sirup (Schafgarben-, Wacholder-,
Himbeer- oder Ahornsirup)

Die tiefgekühlten Vogelbeeren mit ein wenig Wasser unter Rühren weich kochen und durch ein Sieb passieren. Das passierte Mus mit Staubzucker, Limettensaft und Sirup zu einem sehr dicken Brei kochen, erkalten lassen und dann auf ein Blech mit Backpapier oder noch besser auf eine Backmatte streichen. Im lauwarmen Backrohr oder auf Backpapier im Dörrapparat langsam trocknen. Anschließend in Rauten schneiden.
Hält kühl und trocken gelagert einige Monate.

Diese Zubereitungen sind eine feine Kombination zu Käse, Wild und anderen pikanten Speisen:

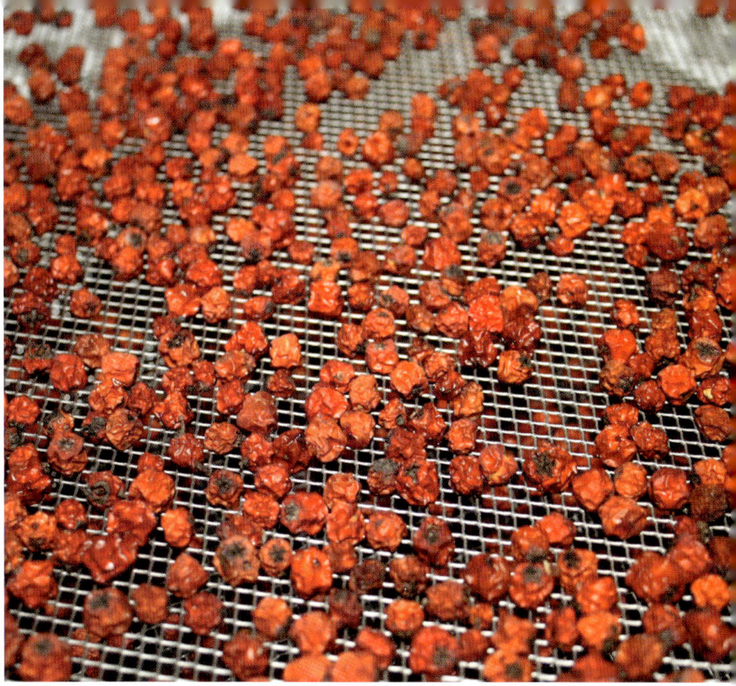

Vogelbeersalz

gedörrte Vogelbeeren
Meersalz
Paprikapulver

Ohne Dörrapparat kann man die Beeren auch bei niedriger Temperatur im Backrohr oder ausgebreitet an einem warmen Ort trocknen.

Beeren und Salz zu gleichen Teilen mahlen und mit etwas Paprikapulver abschmecken.

› Bild Seite 4

Vogelbeermus

1 kg Äpfel, grob geschnitten
1 kg Vogelbeeren
300 ml Apfelsaft
350 ml Wasser
900 g Zucker
Nelkenpulver und gemahlener Zimt

Äpfel, und Beeren eine halbe Stunde in der Flüssigkeit dünsten, dann pürieren und durch ein Sieb streichen. Zucker und Gewürze zugeben, abschmecken, kurz aufkochen lassen und abfüllen. Hält ein bis zwei Jahre.

Vogelbeergelee

1 kg Vogelbeeren
250 ml Wasser
250 ml Apfelsaft
Zucker
Vanille

Die Beeren zerstampfen und zusammen mit Wasser, Saft und Vanille weichkochen. Dann durch ein Tuch passieren bzw. ausdrücken. Den aufgefangenen Saft mit der gleichen Menge Zucker einkochen, bis die Gelierprobe gelingt. Die Farbe ähnelt der von Ribiselsaft. Heiß abfüllen. Hält ein bis zwei Jahre.

Wacholder

Botanischer Name
Juniperus communis

Synonyme
Kranewett, Reckholder, Krammet, Machandel, Heidewacholder

Kennzeichen
immergrüner, hoher, säulenförmiger oder niederliegender Strauch oder mehrstämmiger Baum, Rinde im Alter abschuppend

Blüte
meist zweihäusig verteilt, sehr klein und unauffällig; die männlichen Blüten sind 5 mm lang, gelblich, mit schuppiger Hülle, die weiblichen sind 2–3 mm lang und grün, aus ihnen entwickeln sich die Zapfen

Nadeln
1–2 cm lang, stechend, graugrüne Färbung, oben weißer Wachsstreifen, die Unterseiten der Nadeln ähneln einem Schiffskiel – im Gegensatz zur Fichte oder Tanne stehen die Nadeln nicht links und rechts vom Zweig, sondern es stehen jeweils drei Nadeln vom Zweig ab (das ergibt das strubbelige Aussehen)

Frucht
reift erst im zweiten Jahr, ist dann blau bereift und kugelig, 4–8 mm groß und ähnelt vom Aussehen einer Beere

Vorkommen
Waldränder, Magerwiesen und sonnige, felsige Heiden, lichter Wald – die Pflanze wächst oft auf trockenen Böden

Erntezeit
Herbst und Winter

Inhaltsstoffe
Gerbstoffe, Flavonoide, ätherische Öle, Glucose, Fructose, Äpfelsäure und Kaliumsalze

Wacholder

Der sparrig gewachsene Wacholderstrauch daheim am Feldrand flößte mir als Kind Respekt ein. Es gab so unterschiedliche Sträucher und Bäume rund um unsere Felder – die Haselnusssträucher und den Walnussbaum mit reichem Nusssegen, die im Frühling fröhlich weißblühenden Vogelkirschbäume, die Traubenkirschen mit ihren betäubend duftenden Blütentrauben, die freundlichen, alten Fichten, behäbigen Eichen, starken Buchen und großen Ahornbäume, unter deren kühlem Schatten wir nach dem Heuen saßen; alle liebte ich. Aber der Wacholderstrauch schien mir eigentümlich streng und ernst, unnahbar und stechend.

Wenn nach dem Schlachten im Winter die Zeit des Räucherns kam, zog mein Vater dicke Handschuhe an und hackte einige Wacholderzweige ab. Diese verliehen dem Speck und den Würsten, die in der Selchkammer hingen, den Geschmack. Ich mochte kein Fleisch und das lästige Abzupfen der blau bereiften Wacholderfrüchte von den stechenden Zweigen trug noch zusätzlich dazu bei, dass ich den Strauch lieber mied. Im Frühling kam er dann wieder zum Einsatz, denn bei den Palmbuschen band man auch einige kleine Zweige Wacholder dazu. Mit ihren spitzen Nadeln wachten diese darüber, dass freche Bubenhände nicht die an die Buschen gehängten Salzbrezerl und Zuckerl abzupftten.

Heute schätze ich den Strauch weitaus mehr. Die Würzigkeit der Wacholderbeeren hat mich letztlich überzeugt – dabei sind es gar keine Beeren, sondern kleine Zapfen; bei genauem Hinsehen fällt auf, dass sie fleischige Schuppen haben: Werden die Pollen

eines männlichen Wacholderstrauchs im Frühling auf die Blüten eines weiblichen übertragen, schwellen die Fruchtblätter an und umhüllen die drei reifenden Samen schließlich ganz. Sie verwachsen miteinander und bilden die bekannten Beerenzäpfchen, an denen man noch die Verwachsungsnarbe entdecken kann. Im Herbst des ersten Jahres sind die Zapfen noch eiförmig, im zweiten rund, fast erbsengroß und dunkelblau bereift. Oft findet man unreife grüne und reife blaue Früchte zusammen an einem Strauch.
Verwechseln kann man die Pflanze eigentlich nur mit dem Stinkenden Wacholder (Juniperus sabina), der aber unangenehm riecht, unregelmäßig geformte Beeren und nur etwa 3 mm kurze Nadeln hat.

Medizinisch eingesetzt wird der Wacholder bei Schwellungen der Unterschenkel, nach Knöchelbrüchen, bei chronischen Arthrosen, Gicht und neuralgisch-muskelrheumatischen Erkrankungen – äußerlich als Spiritus Juniperi oder „Apotheker-Gin" zum Einreiben und innerlich als Sirup. Diesen stellt man her, indem man einen Auszug aus den Früchten bereitet und diesen anschließend eindicken lässt. Bekannt ist auch die Wacholderbeerkur nach Pfarrer Kneipp, bei Gicht und Arthrosen, weil der Stoffwechsel stark angeregt wird. Dafür werden am ersten Tag vier Beeren gekaut und die Dosis jeden Tag um eine Beere erhöht, ehe nach fünfzehn Beeren wieder täglich um eine Frucht verringert wird, bis die Ausgangszahl von vier erreicht ist. Länger als sechs Wochen sollte Wacholder aber nicht eingenommen werden, weil die Nieren gereizt auf die

Inhaltsstoffe reagieren. Auch in der Schwangerschaft darf Wacholder nicht regelmäßig eingesetzt werden.

Der Geschmack der Wacholderbeeren ist würzig, harzig-süß, der Geruch aromatisch. Am häufigsten verwendet man sie zum Würzen von Wildspeisen, zum Beizen und zu Sauerkraut. Aus den Wacholderbeeren wird außerdem der Gin destilliert. Was machen wir in der Küche sonst noch mit dem Wacholder? Die Triebe können wie Fichtenwipferl zu Sirup und Honig verarbeitet werden – das schmeckt sogar besonders gut.

Wacholder-Badeöl

Ist zwar nicht zum Essen, aber tut der Köchin gut!

1 Handvoll Wacholderbeeren (frisch oder getrocknet)
Sonnenblumen- oder Rapsöl

Die Beeren mörsern oder mit dem Messer zerdrücken und klein schneiden.
Mit Öl übergießen, zudecken und zwei Wochen ziehen lassen, dann abseihen. Ein Bad mit diesem Öl wirkt wunderbar entspannend.

Kalte Wacholdersauce

1–2 Schalotten, sehr fein geschnitten
2 Dotter von hart gekochten Eiern, zerdrückt
10 Wacholderbeeren (frisch oder getrocknet)
etwas Meersalz
1 TL Honig
2 EL Zitronensaft
2 EL heller Essig

Die Wacholderbeeren gut mörsern, dann Schalotten, Dotter und Salz unterrühren. Die restlichen Zutaten untermischen, gut abschmecken und nach Bedarf mit Öl verdünnen. Passt hervorragend zu Käse, Wild oder kalten Rindfleischgerichten.

Wacholder-Sirup

eine große Handvoll Wacholdertriebe
Wasser
Zucker

Die Triebe in einen größeren Topf legen, mit Wasser gut bedecken und aufkochen lassen. 30 Minuten lang köcheln, dann wegstellen und zugedeckt über Nacht ziehen lassen. Abseihen und die Flüssigkeit abmessen. Pro 500 ml Flüssigkeit rechnet man 300 g Zucker.
Nun den Zucker einrühren, alles erneut erhitzen und je nach gewünschter Dicke einreduzieren.
Gekühlt ein bis zwei Jahre haltbar.

Frische Sauerkraut-Rohkost

1 Pkg. (500 g) rohes Sauerkraut
2 rote Äpfel ohne Kernhaus, grob geraspelt
1 Prise Salz
1 Prise Zucker
4 Wacholderbeeren (frisch oder getrocknet)
1 Prise Kümmel, fein gemörsert
nach Geschmack Sonnenblumen- oder Rapsöl

Das rohe Sauerkraut etwas zerschneiden, die restlichen Zutaten untermischen und abschmecken. Ein herrlich gesunder und schmackhafter Salat!

Zitronen-Wacholder-Marmelade

900 g Zucker
500 ml Wasser
1,7 kg ungespritzte Zitronen
15 Wacholderbeeren (frisch oder getrocknet)

Zucker und Wasser zusammen 20 Minuten lang köcheln, bis Sirupkonsistenz.
Von drei der Zitronen vorsichtig die Schale abschälen und darauf achten, dass keine weißen Rückstände bleiben (machen die Marmelade bitter). Die Schalen 10 Minuten in ein wenig Wasser kochen und dann in Streifen schneiden. Anschließend 5 Minuten im Sirup kochen.
Währenddessen alle Zitronen sorgfältig schälen und das Fruchtfleisch in dünne Scheiben schneiden. Kerne entfernen und das Fruchtfleisch zusammen mit den Wacholderbeeren zum Sirup und den Schalenstreifen geben. 45 Minuten lang köcheln. Ergibt 6 Gläser zu je 370 ml.

Wacholdermarmelade à la française

500 g gut reife Wacholderbeeren
500 ml Wasser
250 g brauner Zucker

Beeren und Wasser 8 Minuten zusammen kochen, durch einen Sieb passieren und den Saft etwas einreduzieren. Den Zucker einrühren und die Masse unter Rühren 10 Minuten stark kochen lassen. Diese Marmelade wird traditionellerweise auf Weißbrot zusammen mit Crème fraîche genossen.
Hält zwei Jahre.

› Bild Seite 39

Grüne Wacholder-Baisers

10 g noch grüne Wacholderbeeren
3 Eiklar
120 g Feinkristallzucker

Wacholderbeeren fein mörsern. Eiklar schaumig schlagen, nach und nach unter Rühren den Zucker einrieseln lassen und steif schlagen. Zuletzt die zerkleinerten Beeren unterziehen. Die Masse in einen Spritzsack mit kleiner Tülle füllen und Tupfen auf ein mit Backpapier belegtes Blech spritzen. Bei 140 °C Umluft ca. 30 Minuten trocknen lassen. Die Baisers passen wunderbar zu Wildfruchtkompott oder Schwarzbeercreme. Sie lassen sich in einer Dose kurz aufbewahren, am besten isst man die kleinen Köstlichkeiten aber gleich auf!

Wacholder-Spaghetti mit Twist

Der Klassiker Spaghetti mit Tomatensauce ist nicht nur ein allseits beliebtes Kindergericht – hier eine interessante Variante für Erwachsene:

4 Schalotten, fein gehackt
1 Knoblauchzehe, mit etwas Salz zerdrückt
50 grüne unreife Wacholderbeeren
(notfalls 20 reife Beeren)
4 EL Butter
500 g stückige Tomaten aus der Dose
oder Tomaten-Concassée
1 EL Wacholderbeersirup
½ TL Rauchsalz
je 1 TL schwarzer und roter Pfeffer (auch als Rosa Pfefferbeeren bekannt – übrigens trotz des Namens eine Wacholderart!), frisch geschrotet
1 TL Liebstöckl, fein geschnitten
(notfalls Suppenwürze)
150 ml Obers
40 g frisch geriebener Pecorino oder Parmesan
500 g Spaghetti

Die Wacholderbeeren zerdrücken und fein schneiden. Zusammen mit Schalotten und Knoblauch in heißer Butter anbraten, die Tomaten dazugeben und würzen. Diese Sauce 10–15 Minuten leicht köcheln lassen und zuletzt das Obers einrühren.
Spaghetti in Salzwasser etwa 7 Minuten kochen, abseihen und für zwei Minuten in der Sauce mitköcheln lassen, sodass sie al dente bleiben.

Waldgeißbart

Botanischer Name
Aruncus dioicus

Synonyme
Federbusch-Hans, Sonnwendhansl, Impenkraut, Preußischer Spargel, Waldspargel

Kennzeichen
auffällige weiße Blüten, wuschelig, wie ein Federbusch, unverzweigter, 1–1,5 m hoher, aufrechter Stängel

Blüte
pyramidenförmige Rispe mit zahlreichen, winzigen Blüten – der Waldgeißbart ist der einzige Vertreter der Rosengewächse, bei dem weibliche und männliche Blüten auf verschiedenen Pflanzen sitzen: Männliche Blüten haben reinweiße Kronblätter und 20–30 Staubblätter, weibliche Blüten haben gelblichweiße Kronblätter und 3 Fruchtblätter.

Blütezeit
je nach Standort Juni bis Juli

Blätter
mit Stiel gut 1 m lang, zwei- bis dreifach gefiedert, eiförmige Teilblättchen mit Spitze und scharf doppelt gesägtem Rand

Früchte
finden sich nur an befruchteten, weiblichen Pflanzen

Vorkommen
lichte Wälder, feuchte Waldwege, Teilschatten, feuchte Böden, höhere Lagen

Erntezeit
junge Triebe ab Ende März und April, je nach Lage Anfang Mai

Inhaltsstoffe
Gerbstoffe, Saponine, Blausäureglykoside

Der Inbegriff einer romantischen Wildpflanze ist für mich der Ende Juni blühende Waldgeißbart. Wenn meine Großmutter und ich früher von der Kirche heimgingen, führte der Weg zu unserem Bergbauernhof durch den schattigen Wald. Nebenher plätscherte ein Bächlein und große, fedrig-weiße Wedel hingen in Bögen von der Böschung herunter. Ein wunderschöner Anblick, der mich damals schon begeisterte und der bei Großmutter Erinnerungen weckte. Sie erzählte mir, dass bei ihrer Hochzeit der ganze Saal mit solchen Federbüschen geschmückt war. Wie alle kleinen Mädchen interessierte ich mich brennend für dieses Thema und die weißen Blüten, passten meiner Meinung nach perfekt zu einer Hochzeit. Großmutter musste mir alles bis ins Detail genau schildern und meine Freude an den Blüten des Waldgeißbarts ist bis heute dieselbe geblieben – sie fängt nur schon früher an:

Im Frühling sieht man natürlich noch nichts Blühendes, dafür verraten eineinhalb Meter hohe, dürre

Stängel mit ebenso dürren, braunen Fruchtständen vom Vorjahr, dass zu ihren Füßen eine Delikatesse wächst: Zehn bis fünfzehn Zentimeter lange, rötlich angehauchte Triebe mit zarten Blattansätzen an der Spitze schieben sich dann aus dem Waldboden. Jede Pflanze hat mehrere solcher Triebe. Sie können leicht abgebrochen werden und dabei braucht man nicht einmal ein schlechtes Gewissen zu haben, weil bald wieder neue kommen, und sogar mehr als vorher. Früher gab es in feuchten, schattigen Wäldern öfter richtige Waldgärten, die mit Waldgeißbart bepflanzt und abgeerntet wurden. In Südtirol wird dieser Waldspargel sogar heute noch auf den Märkten angeboten. Wenn Sie über eine schattige, feuchte Stelle im Garten verfügen, können Sie durch Teilen des verholzten Wurzelstocks oder durch Aussaat der Samen im Herbst dort den Waldgeißbart ansiedeln; darüber freuen sich auch Hummeln und Falter. Der Waldgeißbart ist zweihäusig, das heißt, es gibt männliche und weibliche Pflanzen. Ohne die Bestäubung durch die männliche Pflanze gibt es natürlich keine Samen, deswegen muss man schon etwas genauer hinsehen. Die Pflanze entwickelt eine ansehnliche Größe und braucht Platz, wächst aber unkompliziert. Auf trockenem Boden verholzt sie allerdings schnell und wird bitter.

Verwenden kann man die jungen grün-rötlichen Triebe, wie erwähnt, als Spargel und für Suppen. Weil sie zart sind, braucht man sie nicht einmal zu schälen. Auch die noch ganz jungen, gefalteten Blättchen sind schmackhaft und dürfen an den

Trieben bleiben – wenn die Blätter sich aber erst einmal entfaltet haben und die Triebe länger geworden sind, ist der Waldgeißbart nicht mehr genießbar.

Egal, ob Sie den zarten Spargel genießen oder sich über die schönen blühenden Zweige freuen, der Waldgeißbart ist in jedem Fall etwas Besonderes!

Eingelegter Waldgeißbart

10–15 cm lange, junge Waldgeißbart-Triebe (je nachdem, wieviel Fleiß und Glück Sie beim Sammeln haben – die Menge der benötigten Gewürzlake richtet sich also auch danach)

Gewürzlake
Wasser
Weinessig
Salz
Pfefferkörner, Lorbeerblätter, Wacholderbeeren, Zucker

schmale, hohe Gläser mit Schraubverschluss oder hohe Einweckgläser
ein großer Topf mit Deckel, höher als die Einmachgläser

Für die Gewürzlake Wasser und Essig im Verhältnis 4:1 mischen. Salz und Gewürze zugeben, 5 Minuten kochen und mit den Gewürzen abkühlen lassen. Die gesäuberten Triebe so in die Gläser stellen, dass die Blattansätze nach oben zeigen. Die Gewürzlake nun nocheinmal aufkochen lassen und heiß über die Triebe in den Gläsern gießen.

Entweder im Dampfgarer oder in einem großen Topf mit Deckel einwecken. Dazu ein Küchentuch unten in den Topf legen, dann die verschlossenen Gläser darauf stellen und den Topf zur Hälfte mit heißem Wasser füllen. Den Deckel aufsetzen und die Gläser ab dem Zeitpunkt, zu dem das Wasser zu kochen begonnen hat, 30 Minuten sterilisieren. Auskühlen lassen.

Dieser eingeweckte Geißbart-Spargel hält ein Jahr und lässt sich zu allem genießen, was Sie auch mit echtem Spargel essen würden.

Waldgeißbartsprossen mit fruchtiger Sauce Hollandaise

800 g junge Waldgeißbart-Triebe, 10–12 cm lang
gut abgeschmeckter Gemüsefond

Sauce Hollandaise
1 Bio-Orange
150 g Butter
2 große oder 3 kleine frische Dotter
2 Prisen Salz
Zucker, Pfeffer

Für die Sauce Butter in einem kleinen Töpfchen erhitzen, bis sich die Molke in Flöckchen absetzt, dann durch ein feines Sieb abseihen oder filtern. Von der Orange 1 EL Schale abreiben, dann den Saft auspressen. Dotter und Gewürze in einem hohen, engen Mixbecher mit dem Pürierstab pürieren, dabei nach und nach erst die heiße geklärte Butter und dann den Orangensaft in einem dünnen Strahl einfließen lassen, damit die Sauce cremig wird. Zuletzt die geriebene Orangenschale unterrühren. Die Sprossen mit Küchengarn zu vier Bündeln binden und in den kochenden Gemüsefond mit 1 EL Zucker legen. Leicht köcheln lassen, darauf achten, dass die Sprossen nicht zu weich werden, das geht mitunter sehr schnell. Abtropfen lassen – der Fond lässt sich noch anderweitig verwenden. Zusammen mit Petersilienkartoffeln und der warmen Sauce Hollandaise und servieren.

Minutensteaks mit Waldgeißbart-Trieben

8 Rinderfilet-Minutensteaks à 70 g
800 g Waldgeißbart-Triebe, 10–12 cm lang
Salz, Pfeffer
3 Schalotten, fein gehackt
1 TL Honig
500 g Cocktailtomaten
250 g Mozzarella
1 kleiner Bund Basilikum
2 EL heller Balsamicoessig
8 EL Olivenöl

Die Tomaten vierteln, den Mozzarella würfeln, die Basilikumblätter abzupfen und die größeren Blätter etwas zerzupfen. Alles mit Balsamico, 4 EL Olivenöl, Salz und Pfeffer mischen.

Die Triebe schräg in 4 cm lange Stücke schneiden. 2 EL Öl erhitzen und die Sprossenstücke ca. 4 Minuten braten. Die Schalotten kurz mitbraten und mit Salz, Pfeffer und Honig würzen. In einer beschichteten Pfanne 2 EL Öl erhitzen und die Steaks darin von jeder Seite 1–2 Minuten scharf anbraten, zum Schluss salzen und pfeffern.
Das Waldgeißbart-Gemüse auf vorgewärmten Tellern anrichten und je 2 Minutensteaks darauflegen, der Salat wird als extra Beilage gereicht.

Waldgeißbart-Zitronen-Quiche

Teig
250 g Mehl
1 Ei
40 ml Öl
nach Bedarf ca. 50 ml Wasser
Salz

Fülle
30 g getrocknete Pilze
125 ml Wasser
600 g Waldgeißbart-Triebe
2 Zwiebeln
2–3 Knoblauchzehen
2 EL Öl
4 EL Zitronensaft
Salz, Pfeffer, Muskatnuss
250 g Ricotta oder Topfen (40 % Fett)
4 Eier
geriebene Schale von 1½ Bio-Zitronen

Die Pilze im lauwarmen Wasser für 30 Minuten einweichen.
Aus Mehl, Öl, einem Ei und Salz einen Teig zubereiten und kühlstellen.
Zwiebeln und Knoblauch schälen und hacken.
Die Pilze abtropfen lassen, die Abtropfflüssigkeit auffangen und die Pilze ebenfalls hacken.
Zwiebeln und Knoblauch nun im heißen Öl anbraten, dann die Pilze dazugeben und kurz mitbraten.
Mit der Abtropfflüssigkeit aufgießen und mit Salz, Pfeffer, Zitronensaft und Muskatnuss würzen.
Einige Minuten unter Rühren garen.
Die Waldgeißbart-Triebe kurz in kochendem Wasser mit etwas Salz blanchieren und abtropfen lassen.

Backrohr auf 225 °C Ober- und Unterhitze (keine Umluft) aufheizen.
Den Teig nun zwischen Folie oder Backpapier ausrollen, eine befettete Quicheform damit auslegen und den Rand hochziehen. Den Boden mit einer Gabel mehrfach einstechen. Ricotta, Zitronenschale und Eier gut mischen und mit Salz und Pfeffer würzen. Die Hälfte der Ricottamasse auf den Teig gießen, darauf die Waldgeißbart-Triebe legen und die Pilzmasse darüber verteilen. Mit der restlichen Ricottamasse übergießen.
Die Quiche ca. 30 Minuten goldgelb backen.

Waldgeißbart-Zitronen-Quiche mit Vogelbeer-Chutney (Rezept S. 178) und Apfel-Sauerkraut-Rohkost

Wiesenbocksbart

Botanischer Name
Tragopogon pratensis

Synonyme
Milchblume, Süßkraut, Kuckucksbrot, Süßling, Melcher, Mittagsschläfer, Hasenbrot, Morgenstern, Himmelsbrot, Habermark

Kennzeichen
30–75 cm hohes Korbblütlergewächs mit gelben Blüten, die nur vormittags offen stehen, ähnelt beim Verblühen einem Bocksbart

Blüte
strahlend goldgelbe Zungenblüten, einzeln auf Stielen sitzend, mit lanzettlich spitzen Hüllblättern, die meistens länger sind als die Blüten, 3–7 cm breite Körbchen

Blütezeit
Mai bis Juli

Blätter
schmal, fleischig, grasähnlich, stängelumfassend, im jüngeren Zustand etwas gedreht, mit Längsrinne

Stängel
jung mit weißen Flocken, später bläulich-grün, glatt, unbehaart, aufrecht, wenig verzweigt, dünn, enthält Milchsaft

Wurzel
rübenförmig und braun, enthält Milchsaft

Früchte
länglich, mit langgestieltem Haarkranz – die fedrigen Haare sind als Schirmchen miteinander verwoben und ca. 2 cm lang

Vorkommen
Wiesen, Wegränder, Bahndämme, Halbtrockenrasen

Erntezeit
Wurzeln im Frühling vor der Blüte, junge Knospen und Triebe von April bis Juli

Inhaltsstoffe
Inulin, Gerbstoffe, Schleimstoffe, Lactucerol, Phytosterine, Xanthophylle, Mannitol und Gummi

Sie kennen sicher die reifen Blütenstände des Löwenzahns, die „Pusteblumen". Noch größer und besonders hübsch sind aber die Blütenstände des Wiesenbockbarts. Wenn die Samen unter den langen Hüllblättern fertig gereift sind, entfalten sich die schönen Schirmchen; nur bei Regen bleiben sie geschlossen.

Durch die Größe der Schirmchen haben die Samen hervorragende Flugeigenschaften – und dass sich diese Pflanze so gut weiterverbreiten kann, erfreut auch den Wildpflanzen-Gourmet!

Es zahlt sich nämlich aus, den Wiesenbocksbart zu kennen, seine Bekanntschaft ist eine kulinarische Bereicherung. Im jungen, zarten Zustand können praktisch alle Pflanzenteile verzehrt werden. Verwechselt werden könnte der Wiesenbocksbart mit dem Großen Bocksbart (Tragopogon dubius) oder der Garten-Schwarzwurzel (Scorzonera hispanica), aber beide Pflanzen sind genauso essbar und wohlschmeckend.

Die Rübenwurzel schmeckt gedünstet oder gebraten sehr angenehm, vor allem im ersten Jahr, später verholzt sie. Wird sie gekocht, sollte das Kochwasser für Suppen oder pikante Cremespeisen aufbewahrt werden. Liebhaber horten die einjährigen Wurzeln für den Winter in einem Kübel mit Sand, der leicht feucht gehalten wird. Der weiche Stängel enthält Milchsaft und hat einen süßlichen Geschmack. Man kann die jungen Stängel ruhig roh knabbern. Sehr interessant sind auch die länglichen Knospen, man dünstet sie nur wenige Sekunden lang. Aber passen Sie auf, dass Sie die Knospen nicht mit der abgeblühten und wieder geschlossenen Blüte verwechseln – die wäre trocken und innen haarig, was deutlich weniger Gaumenfreuden verspricht. Natürlich ist auch die goldgelbe Blüte sehr schön. Ihre Blütenblätter wirken abgezupft auf Salaten äußerst dekorativ.

Medizinisch eingesetzt wird der Wiesenbocksbart bei Gicht, Leberproblemen, Rheuma und zur Blutreinigung. Und da er köstlich schmeckt, verbindet sich so das Angenehme mit dem Nützlichen. Noch etwas ist wichtig: Diese Pflanze blüht nur vormittags, die Blüte schließt sich schon gegen 13 Uhr. Das hat dem Wiesenbocksbart den volkstümlichen Namen „Mittagsschläfer" eingetragen. In England heißt das Kraut auch „John go to bed at noon". Wenn Sie also nachmittags nach Wiesenbocksbart suchen, sehen Sie nur mehr geschlossene oder verblühte Blüten, bei denen an der Spitze ein kleines Haarbüschel herausschaut – das ist der „Bocksbart", der der Pflanze ihren deutschen Namen gab.

Blütenbutter

150 g Butter (Raumtemperatur)
Salz
3 EL getrocknete Blüten (Wiesenbocksbart, Kornblume, Rose, Malve, Schafgarbe)
abgeriebene Schale einer Limette oder Bio-Zitrone
1 Prise Zucker oder nach Geschmack eine Spur Zimt, Chili, Hirtentäschelsamen ...

Butter so lange rühren, bis sie durch die eingeschlagene Luft weißlich und schaumig wird, dann die restlichen Zutaten untermischen.
Die Butter sieht besonders schön aus, wenn Sie ein Buffet ausrichten – passt am besten zu hellem Brot. Achtung, nur einige Tage lang haltbar!

› Bild Seite 131

Knospengemüse

20 junge Blütenknospen
20 g Butter
Salz

Die Knospen einige Sekunden über Dampf garen, in Butter schwenken und leicht salzen.
Dieses feine Gemüse ist die zarteste Beilage, die Sie sich wünschen können. Außer Sie haben statt den frischen Blütenknospen verblühte erwischt! Geschmacklich lassen sich die Wiesenbocksbart-Knospen wunderbar mit allen möglichen anderen Zutaten kombinieren.

Salat aus Wiesenbocksbart-Wurzeln

10–15 Wiesenbocksbart-Wurzeln
einige EL Rapsöl, noch besser Haselnussöl
Pfeffer, Salz
1 Prise Zucker
2 EL fein geschnittener Schnittlauch
Saft einer Zitrone

Die Wurzeln sauber abbürsten und die kleinen Seitenwürzelchen abschrubben. Dann in kochendem, gesalzenem Wasser ca. 1 Minute (je nach Dicke der Wurzeln) blanchieren. Kosten Sie, ob die Wurzeln weich sind, sonst noch kurz weiterköcheln. Nach dem Abseihen die Haut abziehen und die Wurzeln sofort in eine Schüssel mit Zitronenwasser geben, so bleiben die Wurzeln hell und können wie Schwarzwurzeln weiterverwendet werden. Für den Salat in mitteldicke Scheiben schneiden und marinieren.

Wiesenbocksbart im Backteig

20–30 junge Sprossen mit Knospen
Achten Sie darauf, nicht stattdessen die verblühten und wieder geschlossenen Blüten zu erwischen!

Backteig
140 g Mehl
124 ml Milch oder Mineralwasser
2 EL Öl
2 Eier, getrennt
1 Prise Salz
Öl zum Ausbacken

Für den Teig Mehl mit Milch bzw. Wasser, Öl, Salz und den beiden Dottern kurz verrühren. Das Eiklar mit einer kleinen Prise Salz (so geht's schneller!) nicht ganz steif schlagen und unter den Teig ziehen.

Die Sprossen durch den Backteig ziehen und im heißen Öl – ein eingetauchtes Holzspießchen zeigt die ideale Temperatur an, es sollten sich kleine Bläschen daran bilden – ausbacken.
Dazu passt ein Wildpflanzensalat als Beilage.

Für dieses Rezept können Sie im Frühjahr auch die jungen Wurzeln des Wiesenbocksbarts nehmen.

Wiesenbocksbart mit Sauce Ravigote

450 g Wiesenbocksbart-Sprossen (zarte Triebe)

Sauce Ravigote
1 Dotter (Raumtemperatur)
Saft und geriebene Schale einer Bio-Zitrone
1 EL Estragon- oder Dijon-Senf
2 Prisen Salz
1 Prise Pfeffer
1 TL Staubzucker oder Wildpflanzensirup
250 ml Öl (Raumtemperatur)
2 Schalotten, fein gehackt
2 EL eingelegte Wildpflanzen-Knospen (z.B. S. 130), fein gehackt
je 1 TL Schnittlauch, Petersilie, Estragon, fein gehackt

4 Eier, hartgekocht und nicht zu fein gehackt
3 Handvoll junge Wildpflanzenblätter (z.B.: Melde, Wildkarotte, Giersch, Spitzwegerich, Hirtentäschel)

Sprossen einige Sekunden lang in kochendem, gesalzenem Wasser blanchieren, eiskalt abschrecken und abtropfen lassen.
Aus Dotter und Öl, das in einem feinen Strahl unter ständigem Rühren mit dem Schneebesen zugegeben wird, eine dickflüssige Mayonnaise herstellen. Mit den übrigen Zutaten für die Sauce abschmecken, zuletzt die gehackten Kräuter untermischen. Die Wildpflanzenblätter als Salatbett anrichten, die abgetropften Sprossen darauf geben. Mit Sauce Ravigote übergießen und mit den Eiern bestreuen.

Wiesenbocksbart-Stängel auf polnische Art

4 Bund Wiesenbocksbart-Stängel
(Bund = die Menge, die man mit Daumen und Zeigefinger umfassen kann)
130 g Butter
50 g Semmelbrösel
Petersilienblättchen, gehackt
Salz

Die jungen Stängel nur sehr kurz in Salzwasser kochen und abtropfen lassen.
Butter erhitzen, die Brösel darin leicht anrösten, Salz und gehackte Petersilie dazugeben, verrühren und die Stängel darin schwenken.
Durch den feinen Geschmack passt dieses Gemüse zu fast allem, ob zu Ravioli, Laibchen oder Braten – besonders gut machen sich die Stängel als Beilage mit Kartoffelpüree!

Wiesensalbei

Botanischer Name
Salvia pratensis

Synonyme
Wilder Salbei, Hasenohr

Kennzeichen
auffällig blau oder violett-blau blühende, 40 cm hohe Lippenblütler-Pflanze mit aromatischem Duft und vierkantigem Stängel

Blüte
dunkelviolett, dunkelblau, selten weiß – mehrere Lippenblüten sitzen in Etagen am Ende der Triebe, Blütenstand mehr oder weniger verzweigt; die fünfzähligen Blüten besitzen einen zweilippigen Kelch mit deutlichen Nerven, Unterlippe deutlich länger als Oberlippe

Blütezeit
Juli bis August

Blätter
Unterseite runzlig, außen gekerbt oder gesägt – am Boden in einer Rosette wachsend, von der Form groß und langgezogen; am Stängel wachsen kleinere Blätter

Früchte
kugelige bis eiförmige, winzige Teilfrüchte

Vorkommen
trockene Wegränder und Böschungen, bis 950 m

Erntezeit
junge Blätter im April und Mai, Blüten von Juli bis August, Samen im August und September

Inhaltsstoffe
ätherische Öle (Cineol, Pinen, Thujon und Camphen), Bitterstoffe, Gerbstoffe, östrogenartige Stoffe und Flavonoide

Der Wiesensalbei ist eine hübsch anzusehende, mehrjährige Pflanze, die mit ihrem kräftigen Blau natürliche Wiesen verschönert. Aber nur, wenn diese ungedüngt sind, denn wie die Kornblume verträgt auch der Wiesensalbei starkes Düngen oder gar Kunstdünger sehr schlecht – mit ihm verschwinden so dann oft leider auch die Schmetterlinge auf unseren Wiesen.

Die Blüten des Salbeis verfügen über einen sogenannten „Schlagbaum-Mechanismus": Die beiden Staubblätter sind an einem drehbaren Gelenk aufgehängt. Das Insekt, das auf dem Weg zum Nektar in die Blüte hineinkrabbelt, berührt dieses Gelenk – dadurch bewegen sich die beiden Staubblätter aus der Oberlippe heraus und pudern den Rücken des Tierchens mit Blütenstaub, sodass es diesen nach dem Abflug zur nächsten Pflanze transportiert. Besonders gut klappt das bei den pummeligen Hummeln, die ihre „angestaubten" Pelzmäntelchen ohnehin nicht zur Reinigung bringen, sondern lieber direkt zur nächsten Blüte fliegen.
Der Wiesensalbei enthält ähnliche Inhaltsstoffe wie der Echte Salbei (Salvia officinalis), aber nicht so starke. Er wirkt verdauungsfördernd und wird deshalb schon lange gern zu fetten Speisen gegessen. Auch das italienische Gericht Saltimbocca wäre ohne das besondere Aroma des Salbeis nicht denkbar und weniger bekömmlich.
Das ist aber nur ein Teil seiner Heilkraft. Durch seine ätherischen Öle wirkt der Wiesensalbei auch auf das vegetative Nervensystem und auf die Steuerung

der Schweißdrüsen. Bei Hitzewallungen und übermäßigem Schwitzen wird deswegen der regelmäßige Genuss von starkem Salbeitee empfohlen. Innerlich wendet man Salbei bei Darm- und Magenstörungen, bei Bronchitis, Erschöpfungszuständen, Husten und Halsschmerzen an, äußerlich bei juckenden Ekzemen, Entzündungen, schlecht heilenden Wunden und juckender Kopfhaut.

Aber auch der kulinarische Einsatz der Pflanze ist interessant: Die zarten, jungen Blätter und Triebspitzen sowie die Blüten nutze ich für Salate, Kräuter- oder Blütenbutter, für Sirup oder zusammen mit Ingwer als Gewürz in gefüllten Weinblättern. Aber auch in Speisen mit Topfen, auf Pizza und Flammkuchen, zu Gnocchi und Spätzle und im Kartoffelpüree. macht der Wiesensalbei etwas her, und für Salbeikaramell eignet er sich prächtig (siehe Rezept Brennnesselkaramell in „wild & köstlich").
Der Geschmack ähnelt ein wenig dem von Minze und ist leicht herb. Als Gewürz harmoniert Wiesensalbei vor allem mit Petersilie, Liebstöckl, Paprika, Bohnenkraut, Lorbeer, Kümmel, Majoran, Thymian, Knoblauch und Ingwer. Gut passt er auch zu Äpfeln, Käse, Pilzen, Kartoffeln, Fisch und Tomaten.

Neben dem Wiesensalbei wächst bei uns auch noch der Klebrige Salbei (Salvia glutinosa), dessen Blätter und große, gelbe Blüten ebenfalls verwendet werden können. Sein Kraut wird für aromatischen Tee und Gewürz-Öl genutzt, man sammelt es ab Juni.

Wiesensalbei-Sirup

3–4 Handvoll abgezupfte Wiesensalbeiblüten
500 g Gelierzucker 1:1
500 ml Wasser

Die Blüten zusammen mit Zucker und Wasser zwei Tage zugedeckt stehen lassen. So werden Schleimstoffe, Aroma und eine wunderschöne Farbe freigesetzt. Dann abseihen und aufkochen. Einige Minuten einreduzieren und abfüllen.
Der Geschmack des Sirups wird noch besser, wenn man einige Zweiglein wilden Thymian zu den Salbeiblüten ins Wasser gibt.
Hält ein Jahr.

› Bild Seite 81

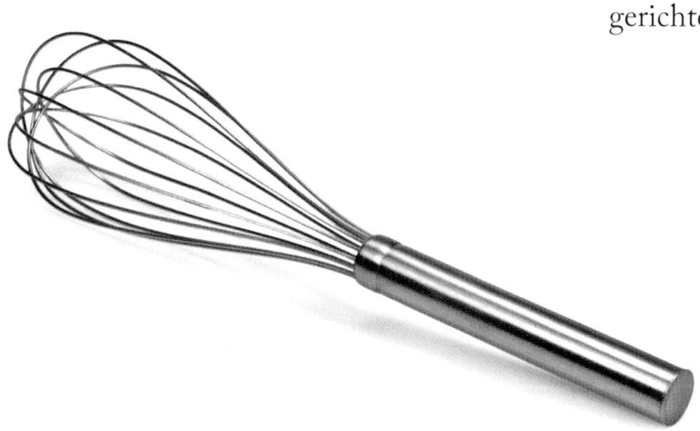

Salbei-Pulver

Salbeiblätter ohne Stiele gut trocknen lassen, dann mahlen oder mörsern. Dunkel und trocken aufbewahren.
Dieses Pulver dient als Gewürz für Dips und Kekse oder Hippen.

Salbeibutter

80 g Butter
2 Handvoll junge Salbeiblätter ohne Stiel

Butter in einer Pfanne zergehen und aufschäumen lassen. Die Salbeiblätter darin kurz anbraten, dann wegstellen.
Die Butter wird flüssig über Nudeln oder Kartoffelgerichte geträufelt und schmeckt herrlich nussig.

Salbei-Mäuschen

2 gute Handvoll junge, saubere Salbeiblätter mit Stiel
1 Ei, getrennt
125 g Mehl
150 ml Milch
1 Prise Salz
1 Prise Zucker

Mehl, Milch, Dotter, Salz und Zucker zu einem Teig verrühren und einige Minuten stehen lassen. Das Eiklar steif schlagen und unterziehen. Öl in einem kleinen Topf erhitzen, bis sich um ein eingetauchtes Hölzchen oder einen Zahnstocher kleine Bläschen bilden – dann ist die Temperatur richtig. Die Blätter (nicht alle zugleich!) mit einer Pinzette in den Teig tauchen und eine Minute goldgelb frittieren. Dann mit einem Schaumlöffel herausfischen und auf Küchenpapier abtropfen lassen. Die Blätter kann man entweder leicht salzen oder mit etwas Zimt und Zucker bestreuen. Frisch ausgebacken schmecken die Mäuschen natürlich am besten – aber Vorsicht: heiß!

Salbei-Zuckerl

10 g frische Salbeiblätter
100 g Zucker

Ein Backblech mit Backpapier vorbereiten, außerdem eine Topfunterlage, ein Schneidbrett und ein scharfes Messer.

Die Salbeiblätter sehr fein schneiden. Den Zucker in einem kleinen Topf karamellisieren; dazu gibt man einfach ein Häufchen hinein und wartet, bis der Zucker am Rand goldgelb wird. Dann den Topf etwas hin- und herbewegen, der flüssige Zucker bräunt jetzt sehr schnell. Also aufpassen, dass kein Kohlenstoff daraus wird!
Topf vom Herd stellen, den fein geschnittenen Salbei mit einem Löffel flott einrühren und die Masse tropfenweise in Reihen auf das Blech mit Backpapier setzen. Sind die Tropfen halb abgekühlt, kann man sie zu Kugeln rollen – aber Achtung, die Masse wird schnell fest. Wenn Sie einen Topf mit heißem Wasser daneben stehen haben und die Tropfen kurz mit einem Löffel darin eintauchen, werden die Kugeln hübscher.

› Bild Seite 36

Tagliatelle mit gebratenen Pilzen in Salbeisauce

1 Pkg. Tagliatelle
1 Zwiebel
2 EL Butter und 1 EL Öl
500 g Austernpilze oder Steinpilze
1 kleine Handvoll Salbeiblätter
125 ml Gemüsefond
Meersalz und Obers nach Geschmack

Die Zwiebel fein hacken und in heißer Butter und Öl anschwitzen. Die Pilze (bei Austernpilzen die Strünke entfernen, bei Steinpilzen nicht vonnöten), in Streifen schneiden und mit der Zwiebel mitbraten. Den Salbei fein hacken, dazugeben und mit Gemüsefond ablöschen. Alles kurz ziehen lassen und dann mit etwas Salz und eventuell einigen Löffeln Obers abschmecken. Die Pasta al dente kochen, abseihen und mit den Pilzen in der Sauce noch eine Minute mitköcheln lassen. Diesem Gericht geben Salviade noch den letzten Pfiff!

Ein weiteres typisch italienisches Rezept aus dem Friaul:

Salviade

2 Handvoll Salbeiblätter
Öl zum Frittieren

Salbeiblätter in heißem Öl bei nicht zu starker Hitze (160 °C) kurz frittieren und zum Abtropfen auf Küchenpapier legen.
Sieht sehr ansprechend auf Pasta und anderen Speisen aus und verleiht einen besonderen Geschmack.

Mafaldine mit gebratenen Steinpilzen und Salbei

Wildkarotte

Botanischer Name
Daucus carota subsp. carota

Synonyme
Wilde Möhre, Mohrrübe, Vogelnest

Kennzeichen
weiße Doldenblüten, nach der Fruchtreife zeigt sich ein zusammengezogener Fruchtstand, der aussieht wie ein Vogelnest

Blüte
3 mm kleine, weiße Blüten in flachen Dolden mit 15–20 Döldchen, typischerweise eine dunkle Einzelblüte („Mohrenblüte" oder „Scheininsekt") mitten in der Dolde – unter der Dolde befindet sich eine Hülle aus vielen fiederspaltigen Blättern

Blütezeit
Juli bis August

Blätter
zwei- bis dreifach gefiedert, Teilblätter mit schmalen Zipfeln, fein behaart und nach Karotten duftend

Früchte
Spaltfrucht mit Stachelreihen

Vorkommen
ungedüngte, trockenere Wiesen, helle und sonnige Lagen

Erntezeit
Wurzeln im Frühjahr (ehe der Blütenstängel treibt), Blüte von Juli bis August, Samen von August bis September

Inhaltsstoffe
die Wurzeln enthalten die Vitamine B, C und das Provitamin A, Polyethine, verschiedene Carotinoide (Lutein, Alpha-Carotin), ätherische Öle, Phenolsäuren, Phytosterine und Aminosäuren – in den Früchten finden sich Carotol und Fettsäuren wie Linolsäure, Petroselinsäure und Ölsäure

In unseren Breiten gibt es zahlreiche weiße Doldenblüter, darunter auch einige giftige. Trotzdem ist die Wildkarotte nicht zu verwechseln. Ihr Blattgrün ähnelt dem der Gartenkarotten, und es riecht auch so. Auf eher trockenen Bergwiesen wächst die wilde Urahnin der heute gezüchteten Arten recht häufig. Ein einprägsames Merkmal ist der verblühte Samenstand, der sich wie ein Vogelnest zusammenzieht und dadurch sehr auffällig ist. Außerdem wächst in der Mitte der weißen Blütendolde meist eine rötlich-schwarze Einzelblüte, die sogenannte „Mohrenblüte", die eine Signalwirkung auf bestäubende Insekten ausüben soll. Von ihr soll die Möhre auch ihren Namen haben.

Recht liebevoll beschrieben hat diese Mohrenblüte bereits der 1498 geborene Botaniker und Arzt Hieronymus Bock:

„In der Mitte findet man ein einziges, purpurfarbenes, knöpfiges Blümchen, wie ein Hirsekörnlein. Dasselbig, so man's zerreibt, wird's noch brauner, darob ich mich oft verwundert, dass in so vielen weißen Blümlin einer jeden Kronen nur ein einziges, besonders braunes soll gesehen werden, gleichsam als ob die Natur etwas Besonderes damit habe bedeuten wollen."

Vor ihm erwähnte auch schon der griechische Arzt Pedanios Dioskurides im 1. Jahrhundert diese hübsche Besonderheit. Doch heute laufen wir bedauerlicherweise oft blind und unachtsam an solchen kleinen Wundern vorbei.

Die medizinische Verwendung der Wildkarotte hat uralte Tradition. Der Tee aus den Blättern, Samen und Wurzeln wurde bei Wassersucht, Leberbeschwerden und bei Nierenerkrankungen eingesetzt. Gemörserte, saubere Wurzeln und Blätter wurden als Brei aufgestrichen zur Behandlung von Geschwüren, entzündeten Wunden und Pilzerkrankungen genutzt. Heute verwendet die Kosmetikindustrie vor allem das aus den Früchtchen gepresste Öl. Forschungen bestätigen, dass dieses Öl eine heilsame Wirkung hat und zudem auch als Schmerzmittel geeignet ist. Die entkrampfende Wirkung wurde schon im Mittelalter bei Menstruationsproblemen beobachtet.

Was machen wir in der Küche aus der Wildkarotte? Die Wurzel im ersten Jahr schmeckt durchaus gut, aber groß ist sie nicht. Im zweiten Jahr sind die Wurzeln zwar größer, verholzen aber innen und eignen sich daher außen abgeraspelt eher als Würze für Salat oder für medizinische Zwecke. Die Blüten sind, bevor sie weiß werden, zart und können wie Hollerküchlein ausgebacken werden. Das Blattgrün macht sich in Wildkräutersalaten sehr gut und bringt eine feine Würze auf den Tellern.

Kalte Gurkensuppe mit Wildkarottengrün

1 Salatgurke
1 Knoblauchzehe
150 g Joghurt
2 EL Crème fraîche
2 Handvoll Wildkarottenblätter (vor der Blüte)
1 Bund Basilikum
250 ml Buttermilch
1 Prise Zucker
1 Spritzer Tabascosauce
2 EL Zitronensaft
Salz, Pfeffer

Basilikumblätter abzupfen. Von den Wildkarottenblättern die dickeren Stielchen entfernen, dann die Blätter in Streifen schneiden und einige Blätter zum Dekorieren aufheben.
Die Gurke schälen, die Kerne entfernen und die Gurke würfeln. Alle Zutaten mixen oder mit dem Pürierstab pürieren und bei Bedarf etwas Wasser hinzugeben. Gut abschmecken und kaltstellen. Vor dem Servieren mit den Blättern bestreuen.

Gebackene Wildkarottenblüten

20 noch ganz zarte, grünlich-weiße Blütendolden
Backteig (Rezept S. 200)

Wildkarottendip
200 g Joghurt
100 g Sauerrahm
1–2 Handvoll Wildkarottenblätter
nach Geschmack Salz und eine Prise Zucker
1–2 EL Zitronensaft

Für den Dip die sauberen Blätter sehr fein hacken. Die restlichen Zutaten mischen, das gehackte Blattgrün einrühren und alles abschmecken.

Die Blüten in den Backteig tauchen und frittieren, am besten in heißem Butterschmalz. Leicht salzen und frisch zusammen mit dem Dip genießen.

Zahme und Wilde Karotte

Karotten-Mandel-Braten
100 g Mandelblättchen
15 g Butter
1 Zwiebel, gehackt
2 kleine Knoblauchzehen
250 g Karotten, geraspelt
2 Eier, verquirlt
Saft von 2 Zitronen
1 EL gehackte Petersilie
½ TL Muskatnuss, gerieben
Salz, Pfeffer
Wasser nach Bedarf

Wildkarottensauce
250 ml Gemüsefond
250 ml Obers
1 EL Dijon-Senf
1 Prise Cayennepfeffer
1 Prise Zucker
15 g Butter
2 EL sehr fein gehacktes Blattgrün von der Wildkarotte

Backrohr auf 180 °C vorheizen, keine Umluft (trocknet zu sehr aus).
Alle Zutaten für den Braten zusammenmischen und gut abschmecken. Die Masse in eine befettete Kastenform füllen und 40–45 Minuten goldbraun backen.

Für die Wildkarottensauce alle Zutaten erhitzen und gut abschmecken.

Den Karottenbraten zusammen mit der Sauce und einigen ausgebackenen Wildkarottenblüten servieren. Als Gemüsebeilage kann man junge Wildkarottenwurzeln kurz dünsten oder in Backteig tauchen und ausbacken, so entsteht ein vollwertiges Gericht.

Wildkirsche

Botanischer Name
Prunus avium

Synonyme
Vogelkirsche, Süßkirsche, Waldkirsche

Kennzeichen
2–25 m hoher Baum mit quer geringelter Borke

Blüte
fünf weiße, zarte Kronblätter, in Gruppen von 2–6 Blüten auf Stielen sitzend, in doldigen, am Grund Knospenschuppen tragenden Büscheln

Blütezeit
April

Blätter
eiförmig bis elliptisch, der Blattstiel hat vorne zwei rote Drüsen

Früchte
kugelige oder leicht herzförmige rote bis schwarze, glänzende Steinfrucht an langen Stielen

Vorkommen
Waldränder und Hecken, bis in mittlere Gebirgslagen - die Pflanze liebt nährstoffreiche Böden

Erntezeit
junge Blätter im Frühling, Blüte im April, Kirschen ab Juni bzw. je nach Lage bis Juli

Inhaltsstoffe
Vitamin C, B1, B2, B3 und B6, Biotin, Folsäure, Eisen, Magnesium, Kalium, Flavonoide, Calcium

Wenn Sie im April am Waldrand auf einen Baum treffen, der mit duftigen, schneeweißen Blüten übersät ist, so kann es sich eigentlich nur eine Wild- oder Vogelkirsche handeln. Bei näherer Betrachtung fällt Ihnen vielleicht auf, dass der gerade silbergraue Stamm lauter braune, dünne Querstreifen hat – einwandfrei, das ist die Wildkirsche!

Im Herbst wechselt das Blätterkleid in ein wunderschönes, rötliches Orange. Angesichts dieser bezaubernden Optik ist es durchaus verständlich, dass der Kirschbaum Japans Nationalbaum ist und die Kirschblüte jedes Jahr mit einem großen Fest und dem traditionellen „hanami", dem Betrachten der Blüte, gefeiert wird.

Leider fallen die Blüten schnell ab und der ganze Ablauf von der Blüte zur reifen Kirsche dauert nur etwa hundert Tage. Da auch viele Vögel die Früchte lieben, ist die Erntezeit besonders kurz. Glauben Sie nur ja nicht, dass es helfen würde, die begehrten Kirschen früher zu pflücken, denn sie reifen nicht nach!

Ein Kirschbaum braucht weniger Wasser als andere bei uns heimische Obstsorten und hat keine Freude

mit Dauerregen, denn die Früchte platzen auf, wenn das Wasser durch die Zellen eindringt. Während die Kirschen reifen, darf es ruhig heiß sein, ansonsten ist dem Kirschbaum ein langer und kalter Winter gerade recht.
Betrachtet man eines der Blätter genauer, fallen am Blattstiel direkt vor dem Ansatz zwei hellrote kleine Drüsen auf, die Nektar abgeben. Sie sind richtige „Hotspots" für Ameisen und werden eifrig besucht. Die kleinen Tierchen schützen den Baum so zur Zeit des Austriebs und der Blüte vor Schädlingen.
Wie schon erwähnt, sind die schnabelgerechten Früchte auch äußerst beliebt bei unseren gefiederten Freunden – auf einem Kirschbaum finden sich daher fast immer Vogelnester – Nahversorgung, sozusagen!

Das Holz des Baums ist bei Drechslern, Instrumentenbauern und Möbelherstellern sehr begehrt. Es ist gut zu bearbeiten und weist eine schöne Maserung auf. Auch Barock- und Biedermeiermöbel sind oft aus dem Holz der Wildkirsche, das mit der Zeit in einem hübschen Rotton nachdunkelt, gefertigt.

Die Früchte der Wildkirsche sind zwar klein, aber ihre Inhaltsstoffe können mit denen ihre großen Verwandten durchaus mithalten. Tatsächlich übertreffen die dunklen Wildsorten die hellen Zuchtsorten sogar.
Die Früchte werden unterstützend bei Gicht eingesetzt, weil sie dazu beitragen, den Harnsäurespiegel im Blut zu senken. Bei einer Kirschkur isst man

deswegen auf nüchternen Magen 250 g Kirschen pro Tag, von den Wildkirschen 180–200 g. Die Wirkstoffe gehen so schneller ins Blut über.
Werfen Sie die Kirschstiele nicht weg! Sie enthalten mineralische Salze, Salicylsäure sowie Polyphenole und werden als Tee bei Wassersucht, Nierenentzündung und hohem Blutdruck verwendet.
Die angenehmste Form, die zahlreichen wertvollen Inhaltsstoffe aufzunehmen, ist natürlich, die Kirschen direkt beim Spazierengehen wegzunaschen. Doch auch im Dörrapparat getrocknete Früchte lassen sich gut verwenden, als gesunder Snack während einer Wanderung oder natürlich im Tee. Einfrieren klappt ebenfalls bestens, etwa gleich mit Kern für Kuchen – aber nicht draufbeißen!

Fruchtiges Kirsch-Öl

250 ml gutes Sonnenblumenöl oder Rapsöl
25 Wildkirschen

Die Kirschen entsteinen, das Fruchtfleisch zerkleinern und durch ein Sieb passieren. Das so entstandene Püree mit dem Öl mischen und dunkel und kühl lagern.
Passt zu Tofu ebenso hervorragend wie zu Fisch und gibt vielen Gerichten einen Hauch fruchtiger Frische.

Kirsch-Tee

Zutaten für einen Krug (1 Liter):
1 Handvoll getrocknete Kirschen mit Stielen
1 Handvoll getrocknete Wildkirschenblüten
1 Handvoll getrocknete Kirschblätter
1 l Wasser

Alle Zutaten zuerst einige Stunden einweichen, dann mit Wasser aufkochen und 10 Minuten lang ziehen lassen. Abseihen und nach dem Essen jeweils eine Tasse trinken. Dieser Tee hilft bei Wassersucht, Nierenentzündung und bei hohem Blutdruck – er schmeckt aber auch sehr gut.

Marzipan-Kirsch-Marmelade

ergibt 2 Gläser à 250 g:
100 g Marzipan-Rohmasse
2 EL Orangensaft
400 g entkernte Wildkirschen
200 g Gelierzucker 2:1
2 Tropfen Mandelaroma

Ein kleiner Tipp vorweg: Das Entsteinen der Kirschen klappt besser, wenn die Früchte für einige Minuten angefroren wurden!

Marzipan mit einem Messer zerkleinern, mit dem Orangensaft verrühren und bei milder Hitze schmelzen lassen. Mit Kirschen, Mandelaroma und Zucker mischen, aufkochen und 6–10 Minuten unter Rühren köcheln lassen. Kurz mit dem Pürierstab bis zur gewünschten Konsistenz mixen, so lässt sich die fertige Marmelade besser streichen.
Hält ein Jahr.

› Bild Seite 81

Klassischer Kirschkuchen

250 g Butter (Raumtemperatur)
250 g Zucker
4 Eier, getrennt
1 Prise Salz
250 g Dinkelmehl
1 TL Backpulver
etwas Zimt
300–400 g Wildkirschen, frisch oder eingefroren

Butter, Zucker und Dotter schaumig rühren, Eiklar und Salz zu Schnee schlagen.
Mehl mit Backpulver und Zimt mischen und abwechselnd mit dem Eischnee unter die Dottermasse ziehen. Zwei Drittel der Masse in eine befettete Tortenform füllen, Kirschen überstreuen und den Rest des Teigs mit einem Löffel darauf verteilen.
40–45 Minuten bei 180 ° C Heißluft backen.

Kirschknödelchen

Zutaten für 10–12 kleine Knödel:

Füllung
1 Glas Kirschmarmelade
etwas Zitronenschale, gerieben
nach Bedarf entrindetes Toastbrot, gerieben
1 EL flüssige Butter
etwas Vanille

Knödel
250 g Topfen
1 Ei
3 leicht gehäufte EL Brösel und 3 EL Weizengrieß
1 TL Salz
1 Prise Zucker

Für die Füllung alle Zutaten mischen, bis eine formbare Masse entsteht. Mit einem Löffel 10–12 walnussgroße Portionen ausstechen, rund rollen und kurz einfrieren, das erleichtert das Füllen.

Für den Knödelteig ebenfalls alle Zutaten mischen und kurz zusammenkneten. 10 Minuten rasten lassen und den Teig dann in 10–12 Stücke teilen. Knödel mit den angefrorenen Kugeln füllen und in leicht siedendem und mit einem Teelöffel Salz und Zucker versetztem Wasser sanft 12–13 Minuten köcheln. Mit brauner Butter, Zimt und Staubzucker servieren.

Kirschknödelchen mit Butterbröseln und Balsaminen-Granita (Rezept S. 80)

Wildrose

Botanischer Name
Hundsrose (Rosa canina)
Heckenrose (Rosa corymbifera)
Kartoffelrose (Rosa rugosa)
Feldrose (Rosa arvensis)
Gebirgsrose (Rosa pendulina)

Synonyme
Hundsrose: Wilde Rose, Heckenrose
Klatschrose: Hagrose
Heckenrose: Buschrose
Kartoffelrose: Runzelrose, Sylt-Rose
Feldrose: Acker-Rose, Kriechende Rose
Gebirgsrose: Alpen-Rose

Kennzeichen
die Blüten aller Wildrosen sind ungefüllt, ihre Zweige haben Stacheln, die oft fälschlich als Dornen bezeichnet werden – Stacheln besitzen keine Leitbündel, die dem Transport von Wasser und gelösten Stoffen dienen, während es sich bei Dornen um verholzte Sprosse, Blätter oder Wurzeln handelt; entgegen dem Volksmund haben Rosen botanisch gesehen also Stacheln!

Blüte
je nach Art weiß, rosa, pink, karminrot oder dunkelrot, 3–5 cm groß, endständig an kurzen Seitentrieben, mit fünf Kronblättern und zahlreichen Staubblättern

Blütezeit
Mai bis Juni

Blätter
je nach Art hell-bis dunkelgrün, fünf- bis neunzählig gefiedert

Früchte
die Scheinfrüchte (Hagebutten) sind je nach Art kugelig bis länglich spitz, orange, knallrot, dunkelrot oder schwärzlich gefärbt, glatt oder behaart, mit bleibenden Kelchblättern – die eigentlichen harten Nüsse oder Kerne liegen innen

Vorkommen
Hecken, Wegränder, Almen, Wald- und Feldränder, bis 2000 m Höhe – die Pflanze bevorzugt sonnige Lagen und leicht kalkhaltige (außer Kartoffelrose) bis saure Böden

Erntezeit
Blüten von Mai bis Juni, Hagebutten von September bis Anfang November

Inhaltsstoffe
Hagebutten enthalten Provitamin A, Vitamin B1, B2, C und E, Pektin, Flavonoide, Rutin, Eiweiß, Eisen, Magnesium, Natrium, Lecithin und Gerbstoffe – in den Blättern findet sich neben Gerbsäure auch Jod und die Blüten enthalten ätherische Öle, Flavonoide, Gerb- und Bitterstoffe

„Gesucht sind fünf Brüder, zur gleichen Zeit geboren,
zwei davon mit Bärten, zwei'n ist der Bart geschoren,
einer von den Fünfen hat ihn halb verloren."
(Mittelalterliches Rätsel, Urheber unbekannt)

Heutzutage sind vermutlich nur wenige Biologen oder Rosengärtner in der Lage, dieses Rätsel zu lösen, denn den wenigsten wird je aufgefallen sein, dass sich bei einigen Wildrosen unterschiedliche Kelchblätter an ein und derselben Blüte finden können. Über die Beobachtungsgabe des mittelalterlichen Dichters kann man daher nur staunen.
Erstaunlich ist aber auch die Schönheit der Wildrosen selbst: Sie sind von einer berührenden Zartheit; schlicht, ungefüllt, dennoch bezaubernd. Dieser Meinung sind auch die Bienen und Hummeln, denn was hilft ihnen die Fülle der Edelrosen, wenn sie nicht an den Pollen kommen. Und so besuchen die possierlichen Tierchen mit Begeisterung die wilden Rosen und manchmal ist es wirklich zum Lachen, wenn die Hummeln im Nektarrausch zwischen den Staubfäden herumkugeln: Es sieht beinahe so aus, als würden sie sich vor Begeisterung kopfüber in den Blütenstaub stürzen. Die schönen Blüten sind allerdings nicht lang zu bewundern, kaum erblüht, fallen sie wieder ab.

Kulinarisch hat die Wildrose einiges zu bieten, alle Arten sind essbar: Verzuckert sind die Blütenblätter ein echter Hingucker auf Desserts und Torten. Die jungen Knospen können in Backteig herausgebacken und als exquisite Beilage gereicht werden. Wenn dann später im Jahr die Scheinfrüchte der Wildrosen reifen, wird es wieder besonders interessant – wer kennt „Ein Männlein steht im Walde" von August Heinrich Hoffmann von Fallersleben nicht? Dieses Kinderlied ist der Hagebutte gewidmet und die Beliebtheit der hübschen Frucht erkennt man wieder einmal an den vielen Namen, die sie im Volksgebrauch hat: Hetschipetsch, Hetscherln, Butten, Hägen, Hiven, Hainbutzen, Hüffen, Hiffen oder Kratzärschle. Der Name Hüffen oder Hiffen kommt vom althochdeutschen „huifo" für Dornenstrauch. Der letzte, zugegeben wenig schmeichelhafte Name weist auf die fiesen, kleinen Härchen hin, die in den Hagebutten an den Nüsschen oder Kernen zu finden sind und die Haut reizen. Manche Lausbuben haben sich deswegen früher gegenseitig gern Hagebuttenkerne zwischen Hemdkragen und Hals gesteckt, was ganz fürchterlich juckte – sehr zur (Schaden-)Freude des Missetäters.
Die Beliebtheit der Hagebutten kommt aber ganz sicher nicht von diesem Brauch, sondern vielmehr von ihrem hervorragenden Geschmack und den gesunden Inhaltsstoffen.

In den harten Nüsschen finden sich Kieselsäure und sogar Vanillin, das für den Geschmack und die Wirkung des sogenannten „Kernlestees" verantwortlich ist. Dieses in Vergessenheit geratene Hausmittel empfahl Pfarrer Kneipp wärmstens als Medizin bei Blasen- und Nierenleiden, bei Ödemen, Rheuma und Gicht. Dazu werden die Hagebuttenkernchen, die zum Beispiel bei der Herstellung mancher

Marmeladen zurückbleiben, mit der dreifachen Menge Wasser für 45–60 Minuten gekocht, abgeseiht und stehengelassen, damit sich die restlichen Härchen absetzen.

Getrocknete und fein gemahlene Hagebutten erzielen bei der Behandlung von entzündlichen Gelenkserkrankungen gute Erfolge, ebenso der Tee aus den Hagebutten, wenn man ihn regelmäßig trinkt.
Heute wird aus den gepressten Kernen das heilende und regenerierende Wildrosenöl gewonnen, das sich zur Hautpflege bestens eignet. Eine Version des Öls gebe ich als Rezept gerne weiter. Die Blüten der Wildrosen können frisch gepflückt in guten Weinessig eingelegt werden und leisten mit Wasser verdünnt als Gesichtswasser oder Haarspülung gute Dienste. In einer Salatmarinade macht sich dieser Rosenessig aber ebenso fein.

Kulinarisch bieten die Hagebutten aber noch eine Menge andere Verwendungsmöglichkeiten, sie verlangen allerdings auch vollen Arbeitseinsatz.
Kartoffelrosen liefern besonders große Hagebutten, was bei der Verarbeitung von Vorteil ist, und auch die Blütenblätter der Kartoffelrose, die ab und an aus dem Park „ausbüxt“ und verwildert, werden Ihnen Freude bereiten. Sie duften stark und können zu Wildrosenzucker oder Sirup verarbeitet werden.

Wildrosenhonig

Dieser Honig ist mit seinem blumigen Aroma nicht nur eine Köstlichkeit, sondern wirkt auch sehr gut gegen Husten.

100 g frische Blütenblätter
500 ml Wasser
700–800 g Honig

Blütenblätter und Wasser zusammen aufkochen und 8 Minuten zugedeckt sanft köcheln lassen. Dann wegstellen und 10 Minuten ziehen lassen. Blüten abfiltern und die Flüssigkeit in den Honig einrühren. Dieser Honig eignet sich gut zum Süßen von Kräutertees oder Obstsalat. Er sollte aber im Kühlschrank gelagert werden.

Für eine Variante ein Schraubglas mit frischen Wildrosenblüten zu drei Viertel anfüllen, dann mit Honig aufgießen und verschlossen bei Raumtemperatur 10 Tage ziehen lassen. Nach dem Abseihen kühl und dunkel lagern. Hält gekühlt einige Monate.

Zauberhafter Rosensirup

10 Kartoffelrosenblüten
500 ml Wasser
Saft einer Zitrone
500 g Zucker

Die Blütenblätter abzupfen (oder schonender: die voll aufgeblühten Blüten mit einer drehenden Handbewegung vom Strauch ablösen, so kann die Hagebutte ausreifen) und mit Wasser aufkochen. Umrühren, bis die Blüten fast farblos werden, dann abseihen, den Zitronensaft dazugeben und staunen: Die Flüssigkeit verändert sich und nimmt plötzlich die Farbe der Blütenblätter an. Nun den Zucker einrühren, 2–3 Minuten köcheln lassen und in eine Flasche abfüllen.
Der Sirup hält im Kühlschrank ein Jahr und kann für Eistee, zum Süßen von Obstsalat oder zum Aromatisieren von Desserts verwendet werden. Wenn Sie statt der Kartoffelrose andere duftende Rosensorten verwenden, müssen Sie etwaige weiße Ansätze der Blütenblätter abschneiden, weil diese bitter schmecken.

Sorbet Rosentraum

7 Kartoffelrosenblüten
240 g Zucker
50 ml Traubensaft oder verdünnter Rosensirup
250 ml Wasser
Saft einer Zitrone
Vanille nach Geschmack
1 Eiklar

Blütenblätter sauber abzupfen und in sehr feine Streifen schneiden. Alle Zutaten bis auf das Eiklar mischen, erhitzen und 3 Minuten köcheln. Eiklar steif schlagen und in die abgekühlte Mischung unterziehen. Nun in einer Metallschüssel drei Stunden einfrieren und dazwischen alle 30 Minuten mit einer Gabel auflockern. Zuletzt mit dem Stabmixer zu einer cremigen Konsistenz rühren.

Rosenmarmelade

200 g Blütenblätter
500 g Gelierzucker 2:1
700 ml Wasser
Vanille nach Geschmack
Saft von 6 Zitronen

Die Blütenblätter mit dem Gelierzucker verrühren und im Kühlschrank 3–4 Stunden ziehen lassen. Dann die restlichen Zutaten dazugeben, alles aufkochen, 4 Minuten köcheln lassen und sofort abfüllen. Hält ein Jahr.

Schoko-Lollies mit Wildrosenzucker

2 Handvoll frische Kartoffelrosen-Blütenblätter
150 g Feinkristallzucker
100 g weiße Kuvertüre

Blütenblätter zusammen mit dem Zucker in einer Kaffeemühle oder mit dem Stabmixer zerkleinern und einen Tag auf einem mit Backpapier belegtem Blech an der Luft trocknen lassen.
Kuvertüre hacken, in einer kleinen Schüssel über einem Wasserbad schmelzen und mit einem Löffel ovale Kleckse auf ein mit Backpapier belegtes Blech tropfen. Lolly- oder Popcake-Stiele auf die Kleckse legen, noch einen Löffel mit Kuvertüre übergießen und sofort etwas Rosenzucker aufstreuen. Dann erstarren lassen.
Diese Lollies halten einige Wochen – wenn sie nach dem Erstarren in Zellophan gewickelt werden und nicht sofort in den Mündern gieriger Naschkatzen verschwinden.

› Bild Seite 36

Rosentarte

Mürbteig

150 g Mehl
70 g Zucker
½ TL Backpulver
1 Prise Salz
70 g Butter, gekühlt und in Stücke geschnitten
1 Dotter

Füllung

5 Äpfel, geschält, entkernt und kleingewürfelt
1 gehäufter EL Topfen oder Gervais natur
1 EL Zucker
2 Dotter
1 Ei
2 EL Rosensirup oder Rosenhonig
Schale einer Zitrone, gerieben

Schneehaube

3 Eiklar
1 kleine Prise Salz
75 g Staubzucker

Für den Teig die ersten vier trockenen Zutaten auf der Arbeitsfläche mischen. Dann die Butterstücke mit einem Nudelholz drüberrollen, damit sich diese im Teig verteilen. Mit kühlen Händen nun rasch den Dotter einarbeiten – so wird der Teig nicht „brandig" und bekommt die richtige Konsistenz. In Frischhaltefolie wickeln und ca. 30 Minuten einkühlen.

Backrohr auf 180 °C vorheizen.
Die Zutaten für die Füllung mischen. Den Teig zwischen Backpapier oder Folie dünn ausrollen, in eine befettete Tortenform mit 26 cm Durchmesser geben und den Rand 3 cm hochziehen. Die Füllung auf dem Teig verteilen und die Tarte 35–40 Minuten goldbraun backen.
Nun das Eiklar mit Salz und Staubzucker steif schlagen und mit einem Löffel oder Spritzsack auf die Tarte auftragen. Dann weitere 10 Minuten backen bis die Spitzen des Eischnees anbräunen.
Besonders hübsch wirkt die Tarte, wenn man nach dem Erkalten verzuckerte Rosenblütenblätter aufstreut: Dafür einzelne Blütenblätter mit einem Haarpinsel auf beiden Seiten vollständig mit Eiklar bepinseln und auf einen zentimeterdick mit Feinkristallzucker bestreuten Teller legen. Nun mit einem Löffel noch etwas Zucker darüber rieseln lassen und zum Trocknen weggstellen. (Genauere Anleitung im Buch „wild und köstlich").

Hagebuttenmark – wieder ein Alleskönner

Zutaten für 500 g:
2 kg Hagebutten
Wasser
Gewürze nach Geschmack (z.B. Zimt, Kardamom, Zitrone, Zitronenschale, Vanille, Piment)

Von den Hagebutten mit der Küchenschere beide Enden (Stiel und schwarzer Blütenansatz) abschneiden. Längs halbieren und mit Wasser gut bedeckt einen Tag stehen lassen; dadurch verfilzen die Härchen und bleiben beim Passieren zurück.

Am nächsten Tag noch etwas mehr Wasser hinzugeben und aufkochen. Ab und zu rühren und kontrollieren, ob noch genug Flüssigkeit da ist. Sind die Hagebutten ganz weich (das dauert 40–50 Minuten) alles durch ein Sieb passieren und das Mark nach Geschmack mit Zimt, Kardamom, Zitrone und Zitronenschale, Piment oder Vanille würzen.
Sie können dieses Mark einfrieren, mit Zucker einkochen oder mit Honig süßen und für Dessert- oder Wildsaucen, Marmelade, Suppe, Chutney oder Brotaufstriche weiterverarbeiten.

Für meine favorisierte **Variante** die Hagebutten am nächsten Tag abseihen und das Einweichwasser noch zusätzlich filtern und aufheben. Mit einem Mokkalöffel oder Löffelstiel alle Hagebuttenhälften von Kernen und Härchen befreien, dann gut mit Wasser abspülen, um Reste zu entfernen. Zusammen mit dem gefilterten Einweichwasser und so viel Apfelsaft, dass die Hagebutten gut bedeckt sind, auffüllen. Nach Geschmack mit Zimt, Vanille oder Kardamom würzen und unter Rühren weichkochen. Bei Bedarf noch etwas heißes Wasser nachgeben. Mit dem Mixstab pürieren, nach Geschmack Zucker oder Gelierzucker und Zitronensaft dazugeben und nochmals für 3–4 Minuten köcheln lassen.

Hagebutteneis

250 ml Obers, gut gekühlt
150 g Hagebuttenmark
2–3 EL Zitronensaft
1 EL Waldhonig
etwas Nelkenpulver oder gemahlenes Piment
1 Prise Vanille
2 Prisen Zimt
Staubzucker nach Geschmack

Das Obers steif schlagen. Die restlichen Zutaten gut mischen und unter das Obers rühren. Abschmecken und in einer Metallschüssel einfrieren. Drei bis vier Stunden frieren lassen und dabei alle 30 Minuten mit einer Gabel durchrühren.

Hagebuttensauce

250 g geputzte, entkernte Hagebuttenhälften
375 ml Weißwein oder Tee (z.B. aus 2 Prisen Schafgarbenblüten, 250 ml Wasser und 125 ml Apfelsaft)
Zucker oder Honig nach Geschmack

Die Hagebutten in der Flüssigkeit weich köcheln – das dauert unterschiedlich lange, also am besten zwischendurch kosten. Mit dem Mixstab pürieren und nach Geschmack süßen.
Die Sauce passt sowohl zu pikanten als auch zu süßen Speisen und bringt einen interessanten Kontrast auf den Teller.

Hagebutten-Eispralinchen

Eine hübsche und leckere Dekoration zum Dessert!

125 g Hagebuttenmark, ungesüßt, etwas einreduziert
20 ml Rosensirup (oder nehmen Sie einfach etwas mehr Zucker)
100 g Vanillejoghurt
1 Prise Kardamom oder Zimt
Staubzucker nach Geschmack

Alle Zutaten mischen und abschmecken. In weiche Eiswürfelformen füllen und einen halben Tag lang einfrieren. Vor dem Servieren herausdrücken. Wenn sich die Masse schwer löst seitlich halten und ganz kurz in heißes Wasser tauchen.

Brombeerparfait (Rezept S. 13) mit Hagebutten-Eispralinchen und Balsam Granita (Rezept S. 80)

Dornröschen -Tee

30 g getrocknete Hagebutten
1 l Wasser

Die Hagebutten eine Stunde einweichen, dann 3 Minuten kochen und 15 Minuten ziehen lassen. Mithilfe eines Kaffee- oder Teefilters abfiltern, damit die feinen Härchen später nicht stören. Dieser Tee behält seinen Vitamingehalt über einige Stunden, kann also für den ganzen Tag vorbereitet werden.

Nicht wundern, dass dieser Tee nicht so dunkelrot wird, wie der gekaufte. Dort werden nämlich meist Hibiskusblüten zugesetzt, die stärker färben.

Wildrosenöl – eine Wohltat für die Haut

100 g getrocknete oder 180 g frische Hagebutten, zerschnitten
500 ml süßes Mandelöl aus der Apotheke (notfalls Maiskeim- oder Sonnenblumenöl)

Die Hagebuttenstücke samt Kernen mit dem Öl übergießen und in einem Schraubglas im Kühlschrank 10 Tage ziehen lassen, dann abfiltern und abfüllen. Achtung: Wenn Sie Olivenöl verwenden, wird dieses im Kühlschrank fest und muss erst einige Zeit bei Raumtemperatur zubringen, um wieder flüssig zu werden. Das klappt also nicht so gut, weil das Wildrosenöl gekühlt gelagert werden sollte. Dann hält es auch ein halbes Jahr.

Hagebuttenmarmelade

1 kg reife Hagebutten, frühestens Mitte Oktober geerntet
3 Bio-Orangen
1 Bio-Zitrone oder Limette
1 kg Gelierzucker 1:1
1 Prise Kardamom
Vanille nach Geschmack

Hagebutten mit der Küchenschere von Stiel und Blütenansatz befreien, dann mit einem scharfen Messer längs halbieren. Mit Wasser bedeckt einen Tag stehen lassen.
Am nächsten Tag 30–40 Minuten weich kochen und anschließend durch ein Sieb streichen.
Nach Geschmack Orangen- und Zitronenabrieb zugeben. Die Zitrusfrüchte gut auspressen und den Saft zusammen mit dem Zucker in das Hagebuttenmark einrühren. Aufkochen, unter Rühren 5 Minuten köcheln lassen und in Gläser abfüllen. Achtung, die Hagebuttenmarmelade dickt noch etwas nach! Hält kühl gelagert etwa 2 Jahre, wird erfahrungsgemäß aber schon lange vorher aufgegessen.

› Bild Seite 81

Hagebuttenmarmelade für Faule

Ab und zu darf man auch ein wenig schummeln – das Ergebnis schmeckt allemal besser als gekauft!

2 Handvoll schöne Hagebutten
250 ml Apfelsaft
1 Glas Hagebuttenmarmelade aus dem Geschäft (Sie können auch ungesüßtes Apfelmus und etwas mehr Gelierzucker nehmen)
1 kleine Prise Vanille
1 kleine Prise Zimt
Saft von ½ Zitrone
1 gehäufter EL Gelierzucker

Die Hagebutten mit der Küchenschere von Stiel und Blütenansatz befreien, dann längs aufschneiden. Die Hälften mit einem Löffelstiel oder Mokkalöffel ausputzen und gut auswaschen. Bei empfindlichen Händen empfehle ich für diese Arbeit Einweghandschuhe, denn die feinen Härchen jucken zwischen den Fingern.
Die Hagebuttenhälften nun in Streifen schneiden und mit dem Apfelsaft 6–7 Minuten köcheln lassen. Die gekaufte Marmelade zusammen mit allen anderen Zutaten aufkochen und 4 Minuten köcheln. In kleine Gläschen abfüllen und abkühlen lassen – jetzt müssen Sie nur noch hoffen, dass Sie keine roten Ohren bekommen, wenn man Sie für diese tolle „selbstgemachte“ Marmelade lobt!

Literatur

Heil, Alexander: Der Paradiesgarten. Essbare Stauden selbst angepflanzt. Ökobuch Faktum 2004.
Machatschek, Michael: Nahrhafte Landschaft. Böhlau Verlag 2007.
Machatschek, Michael: Nahrhafte Landschaft 2. Böhlau Verlag 2004.
Spohn, Margot; Spohn, Roland; Aichele, Dietmar: Was blüht denn da? Die Enzyklopädie. Kosmos 2008.
Sterne, Carus; von Enderes, Aglaya; Hopp, Werner: Unsere Pflanzenwelt. Safari-Verlag 1953.
Storl, Wolf-Dieter: Wandernde Pflanzen. AT-Verlag 2012.
Waggerl, Karl Heinrich: Heiteres Herbarium. Otto Müller Verlag 1955.

Glossar

blanchieren
kurzes Überbrühen mit kochendem Wasser

Eiklar/Dotter = Eiweiß/Eigelb

faschieren = durch den Fleischwolf drehen

Germ = Hefe

Karotten = Möhren

Kren = Meerrettich

montieren
am Ende der Zubereitung einer Sauce kalte Butterwürfelchen mit dem Schneebesen unterrühren, so erhält die Sauce eine leichte Bindung

Obers = (Schlag-)Sahne

Palatschinken = Pfannkuchen

Prise
so viel, wie zwischen zwei Fingerspitzen Platz hat

Staubzucker = Puderzucker

Topfen = Quark

unterziehen
vorsichtig mit einem Schneebesen oder Löffel unter eine Masse mischen

Zuckerl = Bonbons

EL = Esslöffel	**g** = Gramm
TL = Teelöffel	**kg** = Kilogramm
ml = Milliliter	**Pkg** = Packung
l = Liter	**Msp** = Messerspitze

Inge Waltl

wild & köstlich

Feine Gerichte aus der Wildpflanzenküche

Teil 1 der „wilden Kochbücher“:
Als Meisterin ihres Fachs, die in der gehobenen Küche ebenso beheimatet ist wie bei Rezeptideen für ein rasches Gericht zwischendurch, zeigt Inge Waltl, was sich alles aus Giersch, Löwenzahn, Spitzwegerich, Felsenbirne und Co. zaubern lässt. Sie wird Sie überraschen! Unkraut vergeht nicht, also nutzen Sie es, anstatt sich darüber zu ärgern!

168 Seiten
21 x 21 cm, Hardcover
durchgehend farbig bebildert
ISBN 978-3-7025-0672-8, € 22,–

Inge Waltl
geboren 1955 in Kärnten, wuchs auf einem Bergbauernhof auf. Ihr Wissen über Wildpflanzen erwarb sie von ihrer Großmutter und die Freude am Kochen von ihrer Mutter. Als Leiterin einer Pfadfindergruppe war sie viel in Wald und Flur unterwegs und konnte so ihr Wissen an die Kinder weitergeben. Zur Fortbildung auf dem Gebiet der Wildpflanzen absolvierte sie ein Praktikum beim Wildkräuterpapst Jean Marie Dumaine im „Vieux Sinzig“ am Rhein und war über 10 Jahre lang in der Küche des „M 32“ am Salzburger Mönchsberg beschäftigt.